PROCURATORIAL STUDY

检察研究

编委会主任◎刘华　　主编◎严正华

2018年 · 第5辑

法律出版社
LAW PRESS · CHINA

目录 Contents

本辑专题

环境污染案件司法鉴定意见的审查与认定／曹　莉 …… 001

——以泰兴市"12·19"长江污染案为展开

非法采砂案件实务问题研究／舒　娜 …… 008

——以常熟市人民检察院办理的非法采砂案件为例

调查报告

关于套路贷犯罪情况的调研报告／江苏省人民检察院研究室课题组 …… 015

——以江苏省6个地级市118件案件为样本

江苏省醉酒型危险驾驶罪案件专项调研分析报告／李前国　曹丽芸 …… 021

使用虚假身份证件犯罪的司法认定研究／杨　杨　王园园 …… 028

前沿探讨

捕诉合一背景下保障与规范审查逮捕权的制度建构／卢　晨 …… 035

中国智慧检务结构性维度研究／杨　力　叶　巍 …… 043

乡镇检察室发展考证／闫振东 …… 054

——以张家港市人民检察院乡镇检察室为范本

公诉视角下认罪认罚从宽制度探讨／严立华　黄祥坤 …… 061

行政执法检察监督边界问题研究／刘　亮 …… 066

民事诉讼监督中调查核实权的行使与保障／江苏省盐城市大丰区人民检察院课题组 …… 073

检察实务

买卖非重点保护的"三有动物"的刑事责任探讨／金志锋 …… 081

——以顾某生产、销售有毒、有害食品案适用法律为例职务犯罪案件审查起诉如何与监察机关衔接 / 胡 颖 陈捍国 ······························ 087
关于基层检察机关办理公益诉讼案件的几点思考 / 刘杰尹 ······························ 093
是故意伤害还是正当防卫 / 范海波 ·· 100
——被多人殴打时用随身携带的钥匙还击致对方一人轻伤行为的认定

本辑专题

环境污染案件司法鉴定意见的审查与认定

——以泰兴市“12·19”长江污染案为展开

曹　莉*

摘要：环境污染案件之环境损害鉴定应坚持鉴定意见和检验报告“两腿走”原则。在主体资格审查上，要注意鉴定意见和检验报告这两种形式的不同要求。在鉴定内容审查上，作为司法人员要处理好技术判断和法律判断的关系，不能唯“鉴定”是从，要对鉴定检材、鉴定方法、鉴定结果等进行实质性审查。

关键词：环境污染　鉴定意见　检验报告

一、问题的提出

2013 年 1 月 1 日正式实施的《中华人民共和国刑事诉讼法》（以下简称《刑事诉讼法》）将“鉴定结论”修改为“鉴定意见”，标志着鉴定意见必须经过庭审检验才能作为定案根据。但在司法实践中，由于环境污染案件鉴定意见的专业性、科学性，司法人员依然有径行使用、不经审查判断的惯性思维。本文拟通过在全国有重大影响的“12·19”长江污染环境案中环境损害“鉴定”①所涉及的争议问题展开讨论。

2012 年 1 月至 2013 年 2 月间，“12·19”案被告人戴卫国等 14 人违反国家规定，在没有资质的前提下将分别从江苏常隆农化有限公司等 6 家化工产品生产企业收集的危险废物运出并倾倒至长江流经泰兴市境内的如泰运河、泰州市高港区古马干河累计达

---

* 曹莉，江苏省泰州市人民检察院刑事执行检察处副处长，清华大学法学院法学硕士研究生。

① 本文所指的环境损害鉴定包括鉴定意见和检验报告两种形式。

25934.795 吨,致使长江水体严重污染。经评估:治理被告人倾倒危险废物中的废盐酸需要花费人民币 3662.0644 万元;消减酸性物质对长江水体造成的损害需要花费人民币 2541.205 万元。①

就刑事责任而言,环境损害数额的认定不仅直接关系到各被告人罪与非罪,也影响着具体量刑的确定。而该案刑事部分二审判决生效后,江苏省泰州市环境保护联合会作为原告起诉江苏长隆农化有限公司等 6 家化工产品生产企业赔偿长江环境污染修复费用 1.6 亿余元,该金额正是根据刑事判决确定的损失计算而得的。此类案件一般都是"先刑后民"或者"边刑边民",往往生效刑事判决确认的证据可在民事公益诉讼中直接使用。由此可见,无论是刑事指控犯罪方面还是民事公益诉讼方面,环境损害司法鉴定意见成为控辩双方的"必争之地"。本文从审查起诉角度出发,结合"12·19"案对环境损害司法鉴定的两种形式、主体资格、具体内容三个方面存在的问题进行分析,拟为司法实务人员在审查环境污染案件司法鉴定意见时提供切实有效的判断路径。

二、鉴定的"两种形式"审查

"12·19"案件认定的环境污染损害数额是基于江苏省环境科学学会出具的评估意见,对其是否属于鉴定意见存在争议。一种意见认为,江苏省环境科学学会是根据最高人民法院下发的《人民法院对外委托司法鉴定管理规定》经有关部门批准成立的司法鉴定机构,具有鉴定资质,其出具的意见是鉴定意见,判决书中即持该种观点。另一种意见认为,江苏省环境科学学会出具的鉴定意见不属于 2005 年全国人民代表大会常务委员会《关于司法鉴定管理问题的决定》(以下简称《司法鉴定管理决定》)规定的鉴定意见种类,充其量只能是检验报告。由于检验报告作为新兴事物,无论在理论上还是在实践中均存在较大争议,下面将围绕检验报告是否具有合法性、证据属性及效力等问题展开讨论。

其一,应厘清检验报告的合法性问题。虽然《刑事诉讼法》确定的八种证据种类并未将检验报告涵盖其中,但作为"应对当前实际情况的应急之策"②,最高人民法院《关于适用〈中华人民共和国刑事诉讼法〉的解释》(以下简称《刑事诉讼法解释》)第 87 条第 1 款明确规定:"对案件中的专门性问题需要鉴定,但没有法定司法鉴定机构,或者法律、司法解释规定可以进行检验的,可以指派、聘请有专门知识的人进行检验,检验报告可以作为定罪量刑的参考。"这也就明确了检验报告的合法性地位。具体到环境污染案件中,污染环境罪是 2011 年《刑法修正案(八)》对《刑法》第 338 条"重大环境污染事故罪"进行修

---

① 具体案情详见(2014)泰中环刑终字第 00001 号。

② 胡云腾等:《〈关于适用《中华人民共和国刑事诉讼法》的解释〉理解与适用》,载《刑事审判参考》第 88 集,法律出版社 2013 年版,第 104 页。

改而来的,其设置的目的是更好地打击环境犯罪、保护环境,但此时司法行政部门并未将环境污染损害鉴定纳入登记范围。为了解决环境污染案件如何鉴定的问题,2013 年最高人民法院、最高人民检察院(以下简称"两高")颁布的《关于办理环境污染刑事案件适用法律若干问题的解释》(以下简称《2013 年解释》,已失效)确定了鉴定意见和检验报告"两条腿走路"原则,[①]即针对环境污染案件专门性问题可以通过鉴定意见或者检验报告来解决。

其二,应厘清检验报告的证据属性问题。有观点认为检验报告仅是司法解释根据办案需要规定的可以作为定罪量刑的参考,而非事实认定的依据。[②] 也有观点主张检验报告在本质上与鉴定意见并无差别。[③] 虽然检验报告不具有《司法鉴定管理决定》规定鉴定意见所要求的形式要件,但在笔者看来该决定仅是负责规定鉴定机构的管理模式而无权限定鉴定意见的法定类型。检验报告和鉴定意见的本质都是就案件专门性问题所作的专家意见,检验报告可以理解为鉴定的一种形式。但同时需要注意的是,最高人民法院认为"这些部门经检验提出的意见,不能称为'鉴定意见',而只能称为'检验报告'"[④],这也就明确了不能将检验报告与鉴定意见简单画等号。因此,在实践中我们需尊重最高人民法院对检验报告的定位,但仍应将检验报告作为证据材料,发挥其对定罪量刑的参考作用。

其三,应厘清检验报告与鉴定意见的效力问题。由于环境污染案件专门性问题可以进行鉴定也可以进行检验,那么对于同一问题既有鉴定意见又有检验报告且两者意见不一致时如何取舍?在这个问题上不能当然地认为鉴定意见优先于检验报告,而应坚持实质判断的原则,即鉴定意见和检验报告作为证据材料都不能直接作为结论而应进行实质审查判断。根据《刑事诉讼法解释》第 87 条第 2 款的规定,对于检验报告的审查认定是参照鉴定意见的有关规定进行的,足见在审查认定方法和标准上检验报告和鉴定意见是一致的,并不存在孰优孰劣的问题。由于环境损害污染鉴定的专业性判断极其复杂,司法机关也明确认为当存在不同认定意见的情况下,"对鉴定意见和检验报告的进一步审查,对于更好地判定专门性问题,更好地证明案件事实,确保案件的公正处理,具有积极的意义"。[⑤]

---

① 胡云腾主编:《最高人民法院、最高人民检察院环境污染刑事司法解释理解与适用》,人民法院出版社 2014 年版,第 94 页。

② 参见喻海松:《环境资源犯罪实务精释》,法律出版社 2017 年版,第 159 页。

③ 参见李勇:《刑事证据审查三步法则》,法律出版社 2017 年版,第 173 页。

④ 胡云腾等:《〈关于适用《中华人民共和国刑事诉讼法》的解释〉理解与适用》,载《刑事审判参考》第 88 集,法律出版社 2013 年版,第 104 页。

⑤ 胡云腾主编:《最高人民法院、最高人民检察院环境污染刑事司法解释理解与适用》,人民法院出版社 2014 年版,第 95 页。

三、鉴定的主体资格审查

"12·19"案作出环境污染损害认定检验报告的机构是江苏省环境科学学会,辩方对于该机构及其工作人员是否具有资质提出异议。那么对于案件司法鉴定意见和检验报告主体资格的审查,实际上就包括了对鉴定机构和鉴定、检验人员的审查,因为只有具备法定资格和条件才能从事相关鉴定业务,如果不具有相应的资质,其所出具的鉴定意见、检验报告就不具有证据能力,不能作为证据使用。

(一)机构资质的审查

由于法律对作出鉴定意见和检验报告的机构资质规定不统一,故笔者将分别讨论。

1. 有关鉴定机构资质的审查。一方面,需要对鉴定机构是否根据法律规定所设立进行审查。由于环境污染损害司法鉴定管理的相关法律规定有一个逐步完善的过程,判断鉴定机关是否合法就应结合当时法律规定的范围进行审查。2005 年《司法鉴定管理决定》规定了鉴定人和司法鉴定机构统一由司法行政部门管理,但业务范围限于"法医类、物证类、声像资料类"三大类,并未将环境损害司法鉴定包含在内。同时,规定了如有其他需要由司法行政机关纳入管理的情形,需要"有国务院司法行政部门商请最高人民法院、最高人民检察院决定"。为了解决环境损害司法鉴定机构缺失的问题,环境保护部于 2011 年颁布了《关于开展环境污染损害鉴定评估工作的若干意见》,开启了环境损害司法鉴定的试点工作,明确了 9 家试点地区成立相关机构;于 2014 年、2016 年分两次公布了推荐机构名录,分别为 12 家和 17 家环境损害鉴定评估推荐机构。[①] 直至 2015 年,最高人民法院、最高人民检察院、司法部联合发布《关于将环境损害司法鉴定纳入统一登记管理范围的通知》,明确规定将环境损害司法鉴定纳入统一登记管理范围,这就意味着经过省级司法行政部门审核登记的机构具有环境损害鉴定资格。截至 2015 年 11 月,经省级司法行政部门登记核准的环境损害司法鉴定机构共 50 家。[②] 因此,对鉴定意见的机构资质进行审查时,应根据上述规定审查不同时期的鉴定机构是否在有关法律规定的范围之内。

另一方面,需要对鉴定机构的鉴定范围进行审查。由于环境损害司法鉴定与传统的鉴定不一样,分类极细,包括污染物性质鉴别、地表水和沉积物、环境大气、土壤与地下水、近岸海洋和海岸带、生态系统、环境经济等,而每家鉴定机构都有各自的鉴定范围,不能简单地以名称判断是否具有资质,应当根据鉴定机构业务范围来审查其允许的鉴定范围,并与鉴定意见的鉴定范围进行比对,确认该机构是否具有资质。如果在卷末附鉴定机构证书的话,可以通过官方网站查询确定。对于环境鉴定机构必须具备的条件应作实

---

① 《环境损害评估鉴定推荐机构名录(第一批)》《环境损害评估鉴定推荐机构名录(第二批)》。

② 参见朱晋峰:《环境损害司法鉴定若干问题探索——基于环境损害责任纠纷实践的分析》,载《证据科学》2017 年第 1 期。

质审查,具体的条件要求应根据2016年司法部、环境保护部共同制定的《环境损害司法鉴定机构登记评审办法》中的相关规定进行判断。

2. 有关作出检验报告的机构资质的审查。由于检验报告的特殊性,有权作出检验报告的机构与鉴定机构是有所区别的。《2013年解释》第11条明确授权了"环保部也可以指定环境污染专门性问题的检验机构"[①]。鉴于实践过程中存在鉴定机构和环境保护部指定的检验机构仍然偏少的情况,难以满足实际办案所需,[②]"两高"于2016年联合出台的《关于办理环境污染刑事案件适用法律若干问题的解释》第14条规定,公安部亦可指定出具检验报告的机构。因此,如果是环境保护部或者公安部指定的机构,就具有出具检验报告的法定资质。

(二)鉴定人员的审查

首先,应审查鉴定人员是否应当回避。关于此问题可分为三种回避类型:一是鉴定人员或者近亲属与本案有利害关系的应予回避;二是通过参加专家研讨、咨询等方式已经直接或间接参与案件的鉴定人员应予回避;三是针对环境损害司法鉴定机构在机构登记上的特殊规定而可能出现的特殊回避情形。2016年司法部、环境保护部联合下发的《环境损害司法鉴定机构登记评审办法》《环境损害司法鉴定机构登记评审专家库管理办法》明确规定,对从事环境损害司法鉴定业务的机构和个人审核时,会同同级环境保护部门组织专家进行专业技术评审。对于入选司法鉴定专家库的专家,如果其参加评审了相关的鉴定机构,就不能在该机构担任鉴定人员,否则就违背了回避规定的立法精神。

其次,在审查鉴定人是否具有法定资质时,对鉴定人员的审查应注意结合有无纳入司法鉴定管理的时间节点进行判断。根据前文所述可知,随着相关法律规定的不断完善,环境损害司法鉴定人员的资质认定与传统的"三大类"司法鉴定有所不同。2015年最高人民法院、最高人民检察院、司法部《关于将环境损害司法鉴定纳入统一登记管理范围的通知》出台以后,应按照传统的司法鉴定人执业证来审查鉴定人员是否具有资质。在审查执业证时,应重点审查鉴定业务范围和有效资质时间等。而此前在试点阶段作出的环境损害鉴定,则不能以没有执业证为由而否定鉴定人的资质。

对于作出检验报告的相应人员资质如何审查,由于缺乏相应的统一规范,更不能以没有鉴定人执业证为由来否定其具有资质。审查此类人员资格应更注重实质判断,鉴定人应当具有解决专门性问题的知识和能力,[③]建议可以参照鉴定人的资格条件,综合考察相关人员的专业背景、从业时间等方面。

---

① 胡云腾主编:《最高人民法院、最高人民检察院环境污染刑事司法解释理解与适用》,人民法院出版社2014年版,第94页。

② 喻海松:《环境资源犯罪实务精释》,法律出版社2017年版,第160页。

③ 参见张军主编:《中国司法鉴定制度改革与完善研究》,中国政法大学出版社2008年版,第137~138页。

四、鉴定报告内容审查

“12·19”环境污染损害认定检验报告采取了两种不同的方法认定损害数额，即虚拟治理成本法为 3662.0644 万元，实验值为 2541.205 万元。无论是本案刑事被告人还是公益诉讼的被告人，均对鉴定结果的评估方法存在质疑。可见，对于鉴定报告内容的审查尤为关键。

（一）妥善处理好法律判断和技术判断之间的关系

虽然环境污染司法鉴定涉及运用的科学技术和环境标准往往超出了司法人员的能力范围，但我们仍需明确环境损害鉴定是鉴定人对有关环境污染行为中的技术性问题运用专业知识所作的判断，其目的在于帮助鉴定意见使用者能够对此类专业问题进行判断。[①] 尽管办理环境污染环境案件需要依赖司法鉴定，但不能因为存在知识壁垒就过度信赖鉴定意见的正确性，唯“鉴定意见”是从。如“12·19”案鉴定就采用了两种不同的方法计算环境损失数额，而选择哪种方法认定的数额则由司法人员作出最后的决定。虽然鉴定意见是专门领域的技术性判断，但其本质是专家证言并且具有较强的主观性，故鉴定意见只是认定事实的证据之一，并非是不可撼动的“科学判决”，并不能代替司法人员作出法律判断。司法人员应对鉴定意见秉持“依靠但不依赖”的态度，对鉴定内容作实质审查。

（二）具体内容的审查方式

1. 关于鉴定材料的审查。鉴定材料（俗称“检材”）是鉴定的源头，倘若检材被污染，鉴定的根基也就被摧毁了。因此，检材的提取、收集、送检等环节也都影响着鉴定的科学性。[②]

（1）提取、收集环节。司法实践中，环境污染案件往往是由环保部门在行政执法中发现并依法开展调查后，再移送公安机关进行立案侦查。根据《刑事诉讼法》规定，行政机关在行政执法和查办案件过程中收集的物证可以在刑事诉讼中作为证据使用。在该阶段对检材的提取、收集属于行政执法行为，司法人员应根据行政执法相关规定审查该提取、收集行为是否符合程序，现场勘验、勘查是否规范，提取方式是否恰当，提取人员是否具有资质，等等。需要注意的是，如果检材的提取程序违法但并非严重影响司法公正或者就相关瑕疵可以补正或作出合理解释，相关证据就仅是瑕疵证据而无须排除。

（2）送检环节。送检是指从办案部门委托至鉴定机构受理的过程，此环节对于保证检材的同一性显得尤为关键。《人民检察院刑事诉讼规则（试行）》《公安机关办理刑事案件程序规定》规定了人民检察院、公安机关应及时向鉴定人移交有关检材和对比样本

---

① 胡云腾主编：《最高人民法院、最高人民检察院环境污染刑事司法解释理解与适用》，人民法院出版社 2014 年版，第 75 页。

② 参见陈永佳、许爱东、关颖雄：《鉴定意见审查工作的现状与反思——以 J 市检察机关公诉部门调查情况为样本》，《犯罪研究》2011 年第 1 期。

等原始材料,这就需要将办案部门的鉴定委托书等相关文书与现场勘查、勘验笔录进行比对,确认送检检材的编号等与之前提取、储存环节的编号是否同一,委托事项是否一致行,等等。同时需要注意的是,2016 年《司法鉴定程序通则》完善了司法鉴定人参与现场提取鉴定材料的规定,增加了“见证人”规定,①对此情形一定要注意审查是否有见证人在场,如果相关文书缺少见证人签字的则需要对该证据进行补正或者说明。如果无法合理解释该情况就难以确保检材与原始提取的检材具有同一性,则该鉴定可能无法作为证据使用。

2. 关于鉴定方法的审查。司法鉴定科学是由多学科组成的学科群,在具体鉴定中需通过多学科、多技术的综合应用来完成专门性问题的检验、鉴定。② 对于鉴定方法是否科学、是否符合相关标准,可以根据国家标准、行业标准以及技术规范进行审查,尚未制定标准的,可以根据“该专业领域多数专家认可的技术方法”③。要注意分析司法鉴定中对于鉴定过程的说明,分析该说明是否具有合理性,如果其有违常理且不能作出合理解释的则应对真实性质疑。

对相关鉴定的专业问题应注意发挥好“外脑”的作用,因为苛求每一名办案人员都熟知专业的鉴定知识是不可能的。对于鉴定方法所存在的疑问,不仅可以询问鉴定人,让其就鉴定过程、方法、依据等作出说明,还可以咨询有同样专业知识的专家,对鉴定意见的科学性、合理性进行判断。

3. 关于鉴定损害结果的审查。对于鉴定的损害结果,除了上述实质审查之外,还需特别注意对鉴定结果范围的审查,因为相关法律对该部分内容的规定前后发生了变化。2014 年环境保护部《环境损害鉴定评估推荐方法(第Ⅱ版)》规定,鉴定范围包括对自然法益造成的损害结果,也包括对人类法益造成的损害结果。但 2015 年司法部、环境保护部联合下发的《关于规范环境损害司法鉴定管理工作的通知》明确将环境损害司法鉴定的范围限定为对自然法益本身造成的损害结果,不包括对人造成的损害。由于后者颁布的时间较近且系司法部与环境保护部联合发文,故更具有效力。因此,在对环境损害司法鉴定进行审查时,应注意损害结果仅限于对环境法益造成的损害范围,如果鉴定损害结果的范围包括了造成人员伤亡、财产损失等,则应当将该部分损失排除在外。

① 参见《司法鉴定程序通则》第 24 条第 2 款规定。

② 参见杜志淳:《司法鉴定概论》,法律出版社 2010 年版,第 107 页。

③ 参见《司法鉴定程序通则》第 23 条。

非法采砂案件实务问题研究

——以常熟市人民检察院办理的非法采砂案件为例

舒 娜*

摘要：河道砂石是河床重要组成部分，直接关系到河势稳定、防洪航运安全和水生生态健康等。近年来，由于长江流域经济快速发展，非法采砂现象日益猖獗且屡禁不止，给防洪航运安全和生态环境保护带来严重影响。非法采砂案件在司法实践中仍存在一些疑难问题，需要我们统一认定思路。

关键词：非法采砂 非法采矿 采砂价值 犯罪工具

河道砂石是河床重要组成部分，直接关系到河势稳定、防洪航运安全和水生生态健康等①。近年来，由于长江流域经济快速发展，作为重要建筑用料之一的河砂需求量激增。由于国家对河砂开采实行许可证制度，河砂的供不应求使之价格日益水涨船高，甚至成为一些不法分子眼中的“软黄金”，在暴利的驱动下，一些不法分子铤而走险加入非法采砂的行列。非法采砂屡禁不止，给防洪航运安全和生态环境保护带来严重影响。

一、非法采砂案件办理现状

2017 年至 2018 年 8 月期间，常熟市人民检察院共受理审查起诉非法采砂案件 12 件 64 人，涉嫌盗采江砂 600 余万吨，涉案金额达 8000 余万元。

从涉案人员组成来看，该类犯罪团伙作案现象比较突出，团伙成员少则数人，多则一二十人，且分工明确，基本形成了采、运、购一条完整的利益链条。其中，采砂环节 28 人，运砂环节 27 人，收购环节 9 人（见图 1）。

---

* 舒娜，江苏省常熟市人民检察院检察官。

① 参见黄艳：《打击非法采砂“长出牙齿”，长江干流 35 起非法采砂入刑》，载《安徽日报》2017 年 11 月 26 日。

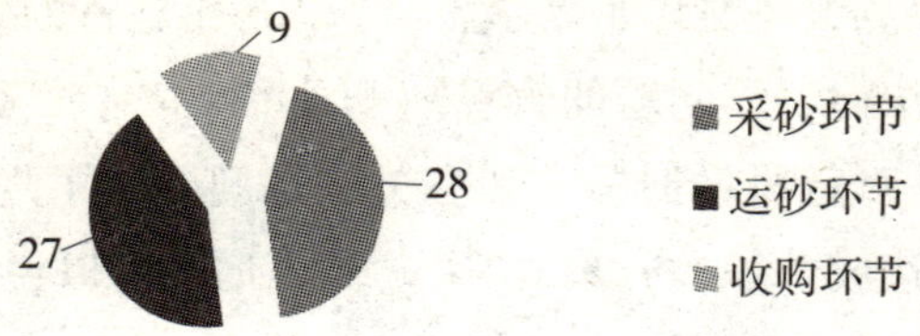

图1　人员分布

从涉案人员罪名分布来看，其中涉嫌非法采矿罪名的55人，涉嫌掩饰、隐瞒犯罪所得罪名的9人（见图2）。本地区非法采砂虽然涉及人员较多，但根据侦查机关目前查处情况来看，本区域的非法采砂犯罪目前尚未形成"矿霸"等黑恶势力的情形。

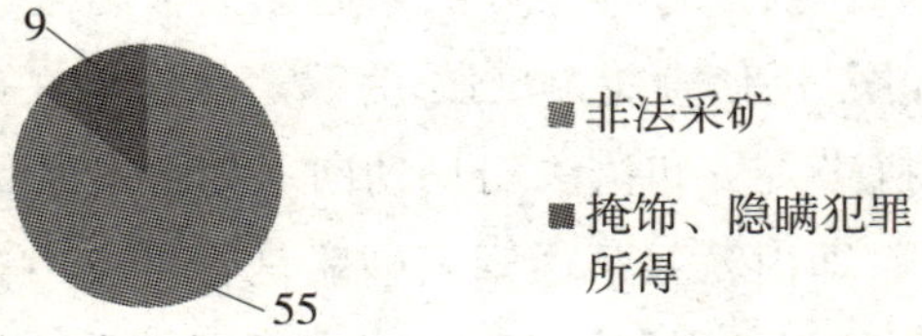

图2　罪名分布

从地区分布来看，案发地点多集中在长江张家港段及长江太仓段，其中，案发区域在长江张家港段的案件10起46人，案发区域在长江太仓上海段的案件2起18人（见图3），长江常熟段目前尚未查获该类案件。这与长江各段沿岸港口的大小、水流的快慢、河底细砂的粗细等因素都密切相关。此外，因港口大小不同，长江张家港段采砂船及运砂船只普遍较长江太仓上海段小，长江太仓上海段多为上千吨位的运砂船，长江张家港段运砂船吨位多集中在500—800吨。

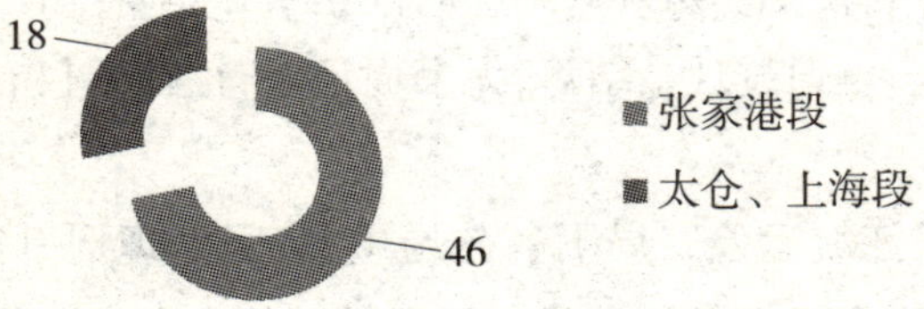

图3　案发区域分布

长江非法采砂行为由来已久，直至近两年才顺利将该行为以非法采矿罪入刑，与相关刑法修正案及司法解释的施行密切相关。非法采矿罪为1997年《刑法修正案》新增罪名，2011年《刑法修正案（八）》对该罪进行修改，删去了"经责令停止开采后拒不停止开采"这一行政前置的规定，且将"造成矿产资源破坏""造成矿产资源严重破坏"的结果犯改为"情节严重""情节特别严重"的行为犯。《刑法修正案（八）》施行后，司法实践对于"情节严重""情节特别严重"认识不一，影响了对该罪名的适用。尤其对于非法采砂行为，司法实践中曾存在较大的认识分歧，适用过非法采矿罪、盗窃罪、非法经营罪、以危险方法危害公共安全罪、故意毁坏财物罪等罪名①。2016年施行的《关于办理非法采矿、破坏性采矿刑事案件适用法律若干问题的解释》(以下简称《矿产资源犯罪解释》)明确了非法采砂行为的定性,并对定罪量刑标准和有关法律问题作了规定。目前,司法实践中对于非法采砂行为已经达成共识,均以非法采矿罪入刑。可以说,《矿产资源犯罪解释》的施行对于规制非法采砂行为起到了立竿见影的效果。

二、非法采砂案件办理中的疑难问题

(一)执法部门查处难

首先,水路四通八达,水上执法难度远超陆上执法,且基于航行安全考虑,水上执法的压迫性以及实效性较弱,在执法过程中非法采砂船只极易逃脱。其次,非法采砂案件中犯罪嫌疑人多为团伙作案,反侦查能力较强,为躲避执法均在夜间进行采砂作业,且均安排专人负责盯梢、监视执法人员和执法船只动向。如蒋某某等人非法采矿案中,蒋某某的身份之一为"带泵的",即由蒋某某通知采砂船是否可以出去采砂,蒋某某安排专人盯梢水利单位,一旦发现该单位有执法车辆出动,立即通知采砂船只撤离;赵某某等人非法采矿案中,则是安排专人登录"船讯网",在网上输入各执法船只名称,实时监控执法船只动向,一旦发现执法船只靠近采砂区域,立即通知采砂船就近停靠或者将江砂抛洒江中。最后,各采砂船、运砂船之间联系紧密,一有执法行动,各船只之间极易走漏消息,进而逃避侦查,增加了查处难度。

(二)侦查机关取证难

对于固定、长期合作的采砂船与运砂船,多采取定期结算费用的方式,此种情形中往往会有账本、账单等书证。但如前所述,各采砂船、运砂船联系紧密,一旦无法做到同时打击查处,极易走漏风声,使犯罪嫌疑人第一时间销毁账本等书证。对于临时、过往船只购买盗采江砂的情形,多是通过现金结算,无书面记录,往往因仅有犯罪嫌疑人供述而无法认定。

该类案件往往是长江航运公安局下各分局主办,因办理刑事案件经验相对较少,所以取证规范性不够,取证意识也有待加强。如韩某某等人非法采矿案中,多处辨认笔录、搜查笔录无见证人签字;且对于手机、电脑内的电子证据,因囿于技术手段匮乏,往往不能按照规定进行电子勘验检查,使证据的合法性、有效性存在瑕疵。

(三)采砂价值认定难

根据《矿产资源犯罪解释》第13条的规定,对于非法采砂的价值根据销赃数额认定;无销赃数额,销赃数额难以查证,或者根据销赃数额认定明显不合理的,根据砂价格和非法采砂数量认定。根据销赃数额认定非法采砂的价值,有效避免了由价格认证机构或者

---

① 参见于文轩、曾娅平、唐忠辉:《论非法采砂行为的"入刑"问题》,载《水利发展研究》2016年第6期。

省级以上水行政、海洋等主管部门出具报告所带来的烦琐程序,可以加速案件的审查办理。[①] 但是,销赃数额的认定在实践中存在两个问题:一是在没有书证、仅有销赃人口供没有收赃人印证的情况下,销赃数额如何认定? 二是在非法采砂案件中往往包括采砂船出售给运砂船、运砂船出售给收购方的环节,甚至有的在运砂和出售环节之间还多了一道转售环节,销赃数额应该根据哪个环节的价格来认定? 如唐某某非法采矿案中,由犯罪嫌疑人唐某某向驾驶采砂船的龚某某收购江砂,后运送至由闵某某指定的某公司,后由该公司向闵某某支付购砂费用,闵某某再按照事先约定的收购费用支付给唐某某。本案中,是以公司支付给闵某某的价格认定为销赃价格,还是以闵某某支付给唐某某的价格认定为销赃价格,存在一定的争议。目前主要有两种观点:一种观点是按照江砂的"出水价"来定,就是采砂船与第一手承运的运砂船交易的价格。另一种观点认为在非法采砂犯罪集团中,其犯罪手段包含了采砂、运砂环节,犯罪集团直接将江砂运到陆地再进行交易,其中只有一个销赃数额,即"到岸价",所以应当以到岸价来认定非法采砂的犯罪数额。[②]

(四)共犯区分处理难

非法采砂案件往往具有聚众性的特点,涉案人员较多,目前办理的案件中,超六成涉案人员为受雇用提供劳务的人员。根据《矿产资源犯罪解释》第 11 条的规定,对受雇用为非法采矿、破坏性采矿犯罪提供劳务的人员,除参与利润分成或者领取高额固定工资的以外,一般不以犯罪论处,但曾因非法采矿、破坏性采矿受过处罚的除外。司法实践中,对于何为高额固定工资并无明确规定,这就带来一个问题,对受雇用驾驶采砂船、运砂船的涉案人员,依据什么标准对其采取入刑或出罪的处理? 如陈某某等人非法采矿案中,犯罪嫌疑人张某某受陈某某雇用驾驶运砂船运输非法采出的江砂,但截至案发仅参与了 1 个多月,虽然其参与非法采砂的金额已经达到立案追诉标准,但对其是否有必要一律入刑,也存在一定的争议。

(五)犯罪工具处理难

《矿产资源犯罪解释》第 12 条规定"对用于非法采矿、破坏性采矿犯罪的专门工具和供犯罪所用的本人财物,应当依法没收"。非法采砂的专门工具主要是采砂机具和采砂船舶。一般而言,采砂机具是非法采砂行为的直接工具,造价相对不高,在行政执法中往往采取现场捣毁、查封、扣押、没收机具等处理方式,争议较小。[③] 但是,对于采砂船舶,是否应当一律没收,则存在争议。同时,在运砂船方面,既运输非法采出的江砂,也运输其他合法来源的货物,是否属于供犯罪所用的本人财物,也存在一定的争议。

---

① 参见王晓彤:《非法采矿罪的司法适用困境及出路》,载《应用法学评论(2016)》,法律出版社 2017 年版。

② 参见周桂林、宁辉:《长江非法采砂案件中案值如何认定以及收砂者如何处罚的思考》,载 http://zjjs.jsjc.gov.cn/tslm/yufang/201805/t20180508.396824.shtml,2018 年 5 月 8 日。

③ 参见喻海松:《环境资源犯罪实务精释》,法律出版社 2017 年版,第 222 页。

三、实务中非法采砂案件的办理思路

(一)拓宽思路、提前介入,破解取证难

1. 在非法采砂犯罪中一般都涉及采砂、运砂、卖砂等多个环节,侦查时尤其要注意查处的统一性和同步性,实现对犯罪的全链条打击,并注意及时、全面搜集取证,避免延误时机导致证据被转移或者销毁。如张某某等人非法采矿案中,侦查机关在前期大量侦查工作的基础上,于某日夜间统一收网行动,不仅将采砂、卖砂、买砂这一“产运销”链条上的绝大部分犯罪嫌疑人同时抓捕,还查获了大量账本、电脑账单、短信对账等证据,最终对该犯罪团伙长达两年多的非法采砂行为予以认定,涉案金额达 1000 多万元,取得了较好的办案效果。同时,各行政执法部门应严格依照规定对符合处罚条件的非法采矿人员实施行政处罚,并将处罚信息联网,便于公安机关根据“二年内因非法采矿受过两次以上行政处罚,又实施非法采矿”这一规定依法追究当事人的刑事责任。

2. 在办理非法采砂案件中,检察机关提前介入对于侦查取证也具有积极意义。通过提前介入可以就取证方向、取证程序等方面的问题及时提出建议,确保证据来源合法有效。例如,对于买砂的混凝土公司一方究竟涉嫌非法采矿罪还是掩饰、隐瞒犯罪所得罪,就需要检察机关在提前介入阶段引导公安机关对当事人事先是否有采砂共谋、采砂意思由谁发起等证据重点取证;又如,对电脑记录的电子账目类证据,通过提前介入,可以敦促侦查机关采取对电脑进行电子勘验检查的方式规范取证,避免出现以将电子账目打印出来给犯罪嫌疑人确认这种不规范取证方式予以替代的情况。

(二)可以同时期同区域江砂销售价格为参考确定销赃数额,进而认定采砂价值

对于仅有销赃人口供没有收赃人印证的情形,如果该销赃人甲销售的江砂跟另一销赃人乙销售的江砂均来自同时期同一采砂船,且系在同一区域采出,销赃人乙的销赃价格有充分证据证实,若销赃人甲自述的销赃价格与乙的销赃价格相同,则可以认定甲自述的销赃价格为采砂价值;若销赃人甲自述的销赃价格低于或者高于乙的销赃价格,则从有利于被告人的角度出发,以较低的销赃价格认定为采砂价值。如果开采出的江砂出售后又经过转售,则以同时期同区域江砂销售价格为参考,以其中最接近该参考价格的销售价格认定为销赃价格,如此认定,可以有效避免认定的销赃价格明显不合理。

(三)对共犯的处理实行区别对待原则①

应当重点打击出资者、组织者、经营者。对于其他成员,结合各共犯在共同犯罪中的作用、地位、参与时间长短等情况区别对待:对于在非法采砂团伙中起管理或者帮助管理作用的人员,即使不参与分红,领取固定工资,也属于在共同犯罪中作用较大,应当对其定罪处罚。如韩某某等人非法采矿案中,犯罪嫌疑人苏某某为运砂船队会计,负责船队运砂账目的汇总、记录、管理,并部分参与运砂船的调度;犯罪嫌疑人赵某某为运砂船队

---

① 参见喻海松:《环境资源犯罪实务精释》,法律出版社 2017 年版,第 221 页。

队长，负责跟运砂船、采砂船之间联系，安排、调度运砂船的运砂活动，且自己还长期驾驶运砂船。对于苏某某和赵某某，就有必要追究二人的刑事责任。对于其他受雇佣提供劳务的人员，则要结合参与时间长短、各自涉案金额、驾驶船只的次数等情况，结合其领取工资情况来综合认定其是否属于高额工资。如犯罪嫌疑人张某某，虽然涉案金额已达立案追诉标准，但其参与时间仅有几个月，驾驶船只仅30余次，行为明显轻微，不需要以犯罪论处。但对于在非法采砂过程中有妨害公务、暴力抗法等行为的，则应当依法追究刑事责任。①

（四）对采砂专门工具应当没收

笔者认为，非法采砂的专门工具可以认定为属于专门的作案工具，采砂船舶属于其中的重要组成部分，应当予以没收。以彻底斩断非法采砂行为的利益链，从经济上使非法采砂人难以获利，反而遭受巨大损失②，从源头上切断非法采砂的来源。但如何认定运砂船一类的船舶是否属于“供犯罪所用的本人财物”，则应当区分情况：如果有证据证实该运砂船主要用于犯罪活动，运输的货物以盗采的江砂为主，那么从环境保护的公益性角度出发从严把握，应当对该运砂船认定为“供犯罪所用的本人财物”，依法予以没收；如果证据证实该运砂船主要用于合法行为，运输的主要是黄沙、水泥等正当货物，或者无法查明该运砂船主要用于合法还是非法运输活动，则不宜没收，但可以通过取消或者限制该船舶的航运资质等方式予以处罚。

（五）联合执法、科技执法，破解查处难

1. 公安、水务、海事等部门应加强部门协作，抽调专门人员成立河道采砂管理联合执法队，针对非法采砂行为开展水上联合执法。不仅可以弥补单一执法单位在执法人员、执法船只等方面的不足，更可以达到执法职能互补、严密执法网络的效果。如海事部门的主要负责航道安全方面的管理，在以往的非法采砂类案件中，海事部门的主要职能体现为驱赶影响航道安全的采砂船、运砂船；水务行政主管部门按照相关规定只有打击非法采砂行为的权限，现场抓捕则需要公安部门协助。③ 通过联合执法行动，可以使海事、水务等部门执法职能与公安机关执法职能相结合，形成打击合力，实现对非法采砂行为的全方位、无死角查处。

2. 执法部门应提高执法手段的科技化。可以通过配置无人机、夜视仪以及在长江沿线、重点港闸布设高清摄像头的方式，建立远程监控平台，研究运用高科技手段对重点船舶、重点采砂水域、重点航道加强监管。如张某某等人非法采矿案中，涉案的运砂船只装载完盗采的江砂之后，均需通过张家港港闸进入内地码头或砂厂，如果在港闸处布设高

---

① 参见喻海松：《环境资源犯罪实务精释》，法律出版社2017年版，第221页。

② 参见喻海松：《环境资源犯罪实务精释》，法律出版社2017年版，第222页。

③ 参见《砂石供需矛盾突出，池州长江非法采砂如何“标本兼治”》，载《大池州人》2018年8月15日。

清摄像头，则可以对运砂船只的非法运砂活动了如指掌。

（六）加强检察机关监督职能

第一，对于案件办理过程中发现的涉黑涉恶情形以及涉及职务犯罪等违法违纪情形，及时通过立案监督、追诉、移交犯罪线索等途径进行检察监督。第二，通过办案深入分析、发掘非法采砂现象长期存在、屡禁不止的原因，针对相关行政执法部门在查处非法采砂过程中需要完善的地方，通过发送检察建议的方式提出整改建议。第三，对于行政执法部门在查处非法采砂行为过程中的不当行政处罚行为，及时通过行政公益诉讼方式予以监督。如史某某等人非法采矿案中，根据《长江河道采砂管理条例》规定，对一定马力以下的非法采砂行为，应处罚款并要没收或拆除采砂机器，但 2015 年某市水利局的水政监督大队只是对史某非法采砂行为处以罚款，并没有没收或拆除采砂机器，行政处罚不当，致使史某继续利用该机器非法采砂，损害国家利益。后相关检察机关及时提起行政公益诉讼，纠正了该单位的不当行政处罚；第四，及时发现并移送公益诉讼线索，为修复资源环境、环境损害赔偿提供畅通渠道。

调查报告

关于套路贷犯罪情况的调研报告

——以江苏省6个地级市118件案件为样本

江苏省人民检察院研究室课题组*

套路贷犯罪主要以民间借贷为幌子,采用恶意虚增债务、制造借贷痕迹、肆意认定违约、胁迫逼债等方式,非法侵占公私财物。其犯罪步骤一般分为四个阶段:第一阶段是虚假宣传,以低息、手续方便等为诱饵,引诱相关人员借贷;第二阶段是签订合同,通过设置陷阱等手段嵌入不平等条款;第三阶段是制造违约条件,通过失联等方式造成违约,达到垒高债务的目的;第四阶段是违法催债,通过暴力或软暴力等方式进行催债,实现其获取非法利益的最终目的。该类行为涉及关联犯罪较多,2017年6月以来,样本地区共办理套路贷犯罪案件118件465人,主要涉及敲诈勒索罪、诈骗罪、寻衅滋事罪、非法拘禁罪等罪名,该4个罪名占套路贷犯罪案件的96.7%。

一、套路贷犯罪主要手段

调研发现,套路贷犯罪手段多样,极易复制传播。随着监管及惩治力度的加大,套路贷犯罪手段不断升级,样本案件中存在30余种作案手法。总体上,该类犯罪主要涉及4种犯罪手段:

(一)虚高放贷

这是套路贷犯罪最常用的手段,在118件样本案件中均被采用,通常包括三个步骤:

---

* 张登高,江苏省人民检察院研究室副主任;谭大金,江苏省人民检察院研究室编辑部主任;杨威,江苏省人民检察院研究室检察官助理;师吉娟,江苏省盐城市人民检察院研究室检察官助理。

一是以低息、无抵押、快速放贷为诱饵,诱骗被害人借款。顾某某等人非法拘禁案中,犯罪嫌疑人哄骗被害人借款 1 万元,签订无抵押空放合同,后债务垒高至 4 万元并将被害人非法拘禁长达 25 小时。二是通过欺骗、隐瞒等方式迫使受害人签订"阴阳合同""虚高合同"。此类合同名目繁多,一般包括借款、抵押、权利告知、诉讼授权委托等协议 20 余份,多达上百页。盛某等人敲诈勒索案中,签订合同多达 22 份 123 页。三是制造掩饰犯罪的"合法化"证据。有的按合同金额打款至受害人账户,取出现金后扣款,伪造银行流水;有的手捧约定数额现金拍照,留存证据。梅某某等人敲诈勒索案中,被害人邵某某借款 2 万元,签订 5 万元借条,其中口头约定"违约金"3 万元,扣除当月利息 5000 元后实际拿到 1.5 万元。牛某某诈骗案中,犯罪嫌疑人要求借款人签订高出借款额数倍的"高条"后,持"高条"约定现金拍照留证,再将现金收回。

(二)制造违约

套路贷犯罪以非法侵占公私财物为目的,犯罪嫌疑人往往千方百计制造被害人违约,获取高额利益,样本案件中主要有 3 种形式:一是签约即违约,明知被害人符合违约条件,签订合同后即告知违约,索要违约金。恽某某诈骗、敲诈勒索案中,恽某某等人与被害人签订车辆抵押贷款合同,签订刚完成,便以在其他公司借款违约为由,要求支付违约金 10 万元。二是设置苛刻条件,肆意解释条款。有的要求对借款人进行不定时回访,电话不通、信息回复不及时均为违约。有的将合同约定的 1 个月期限解释为 22 个工作日,超期视为违约。江某某敲诈勒索案中,江与被害人签订了严苛的违约条款,包括"不得将车辆驶出无锡""规定范围内时速不得超过 80 km"等。三是人为创造违约条件,采取口头虚假同意延期、还款日关机、拒接电话、"玩失踪"等方式,致使被害人无法按时还款。周某某诈骗案中,犯罪嫌疑人在被害人无钱还款情况下,口头答应续签合同,但此后又单方面认定被害人逾期违约,没收保证金并加收违约金。

(三)垒高债务

套路贷犯罪分子垒高债务主要通过两种手段:一是收取高额手续费。样本案件中犯罪嫌疑人均以行业规矩为由,收取被害人上门费、中介费、服务费、保证金、安装费等费用 20 余种,一般占借款金额的 30%。桑某某等寻衅滋事案中,犯罪嫌疑人向 5 名被害人放贷 22 万元,本金仅 3 万元,其余均为各种名目的手续费。二是转单平账。被害人难以还款时,犯罪嫌疑人往往介绍其他假冒的小贷公司,或自身"扮演"其他公司,与其签订新的虚高合同平账,垒高借款金额。胡某某等人诈骗案中,被害人郭某某经胡某某介绍借款 1 万元,后无法偿还,胡某某不断找他人为其平账,诱骗郭某某签订虚高借款合同、打双倍借条,不到 1 年时间内平账 20 余次,所欠债务从 1 万元变成 100 余万元。

(四)非法催收

样本案件中,75 件存在非法催收行为,占 63.6%,涉及寻衅滋事、故意伤害、非法拘禁、虚假诉讼等犯罪,主要手段有 3 种:一是暴力手段催收。犯罪嫌疑人往往自行或雇佣社会闲散人员采取非法拘禁、殴打等方式非法“讨债”。金某故意杀人案中,金某不堪忍受催收人员的殴打,对其连捅数刀,致使催收人当场死亡。二是软暴力手段滋扰。张某某等人寻衅滋事案中,犯罪嫌疑人招募社会闲杂人员,采用盯人不让睡觉、放哀乐、喷漆、砸玻璃、泼大粪等手段,专门从事讨债业务。三是提起虚假诉讼,通过胜诉判决侵占借款人及其近亲属财产。朱某某等人诈骗、非法拘禁、敲诈勒索案中,犯罪嫌疑人在被害人无法还款后,先后向法院提起6件虚假诉讼,1起与当事人和解,3起胜诉。

二、案件主要类型

样本案件中,套路贷犯罪主要有零用贷、车贷、回笼贷、房贷、校园贷5种类型,涉及案件109件,占比91.5%,其他9件涉及网络贷等类型,占比8.5%。

(一)零用贷

此类套路贷以小额贷款为主,采用无须抵押的“空放”方式,具有借款数额小、还款周期短两个鲜明特征。样本地区中该类案件65件,占比55.1%。丁某等人诈骗案中,一名被害人向“零用贷”公司借款6.8万元,约定一周一还,后被恶意认定违约逼迫还款12.9万元,被害人在偿还7.91万元后不堪忍受暴力滋扰而自杀。

(二)车贷

该类套路贷以车辆抵押作为借款条件,形成了业务谈判、安装GPS、违约拖车、赎车谈判等“一条龙”犯罪链条。样本地区中车贷领域犯罪共18件,占15.3%。汤某某等人敲诈勒索案中,犯罪嫌疑人开设“车车贷”公司,与6名被害人签订汽车抵押借款合同,以GPS掉线违约等为由索要保证金、拖车费、违约金,涉案金额49.8万元。侯某某等人敲诈勒索案中,犯罪嫌疑人成立某车贷公司,专门到外地开展汽车抵押借贷,5名被害人借款13万元,被迫缴纳赎车费23.5万元,每辆车被敲诈1万至5万元不等。

(三)回笼贷

回笼贷起源于苏南地区,犯罪嫌疑人一般以投资项目、转贷收息等多种名义,诱骗被害人借款,后通过签订虚高合同、收取利息、转单平账等手段侵占财物。样本案件中有回笼贷案件10件,占比9.7%。陈某诈骗案中,犯罪嫌疑人以投资无须还款、帮助他人挂名借钱为由,诱骗被害人签订19.1万元借款合同,后持借款合同暴力胁迫还款。

(四)房贷

该型套路贷犯罪多以本地、有房、年轻人作为目标,通过诱骗贷款,签订房屋抵押合同或租赁协议等方式,胁迫被害人将房屋过户、转卖。样本地区有此类案件10件,占比8.5%,涉案金额900余万元。陆某某等人诈骗案中,犯罪嫌疑人以房产过户为条件借款给被害人,签订房屋转让协议并办理过户手续,后经多次平账骗取被害人36.8万元,涉案房产45.3万元。毛某某挪用资金案中,毛某某首次借款10万元,经多次转单平账债务垒高至160万余元,不得已将两套房产变卖、抵押,仍无力偿还全部借款,最后利用担任社区联防队员职务之便,挪用资金"跑路"。

(五)校园贷

校园贷犯罪主要针对在校学生,通过手机贷、兼职换购贷等名目诱骗被害人借款,后采取公开裸照、滋扰家人等手段催款,其间伴随强奸、强迫卖淫等次生犯罪。样本案件中有此类案件6件,占5.1%,未成年被害人12名。该类犯罪原被害人在高额贷款压力下极易演变为二次犯罪嫌疑人,为偿还债务主动或被迫加入到犯罪团伙中,诱骗其同学、朋友进行贷款或担保,形成"人拉人"的校园网。秦某某等人强奸案中,放贷人在暴力催收的同时告知其通过"裸贷"可以赚钱还款,为偿还借款,秦某某伙同他人寻找在校女学生做"裸贷",共涉及6名未成年女学生,"裸贷"次数多达12次,多次伴随强奸犯罪。

三、犯罪主体特征

套路贷犯罪人群具有常见犯罪的共性特征,从文化层次与职业特征来看,涉案人员普遍在高中学历以下;从年龄结构来看,骨干人员呈现年轻化趋势,涉案人员在30岁以下的人员占78.2%;从一贯表现看,涉案人员中前科劣迹人员较多,占比65.7%。与此同时,套路贷犯罪主体呈现四个比较鲜明的特征:

(一)组织化程度高

样本地区"套路贷"案件中,98.2%的案件由3名以上犯罪嫌疑人结伙作案,形成较为固定的犯罪组织。在118件样本案件中,65件成立专门公司,占比55.1%。这些公司一般具有固定营业场所,地处城市商业金融较发达区域,迷惑性较强;内部分工明确,设有业务部、财务部、催收部等部门,负责放贷、讨债等活动。张某等14人敲诈勒索案中,被告人成立江苏双顺投资有限公司,在无锡3个商业中心从事套路贷犯罪活动,实施敲诈勒索18次,涉案金额99.8万余元。邵某某等5人涉嫌诈骗、敲诈勒索案中,犯罪嫌疑人成立"海纳财富"公司,非法获取受害人18.4万余元。

(二)犯罪组织间关联度高

一些套路贷犯罪组织相互间互通信息,形成犯罪同盟,增加了打击难度。苏州、无锡、常州三地办理的91件案件中,67件案件中犯罪组织相互勾连,占73.6%。犯罪组织协作配合主要有两种表现形式:一是相互转单平账。无锡市锡山区院办理的岳某某敲诈勒索案中,被告人因被害人无法按期还款,先后20次找业务往来紧密的其他公司或者个人平账,涉案金额300余万元。二是联合"讨债"。通过微信群、qq群组建"讨债联盟",确保"债权"实现。唐某某寻衅滋事案中,被告人系小贷公司微信群群主,在群内发送债务人定位,征召人员暴力讨债,并通过指挥人员撤退,删除相关聊天记录等方式逃避打击。

(三)犯罪组织趋向黑恶化

因套路贷犯罪隐蔽性强、攫取利益快,黑恶势力插手其中的趋势较为明显,使套路贷犯罪从单纯地侵害财产权逐步演变为对人身权、社会公共秩序等多重法益的侵害。徐州、常州等地黑恶势力团伙,在微信群里转发中央和上海、浙江等地打击套路贷犯罪文件,组织团伙成员学习。在118件样本案件中,62件有黑恶势力参与,占52.5%。常州市检察机关办理的58人“套路贷”犯罪人员中,54人被认定为恶势力团伙成员,占93.1%。韩某等19人组织、领导、参加黑社会性质组织案中,被告人主要从事套路贷或者为其他非法放贷人讨债活动,先后实施14起诈骗、敲诈勒索、非法拘禁等犯罪,非法获利30余万元。张某某等人敲诈勒索案中,被告人经常纠集在一起,形成较为稳固的恶势力犯罪集团,先后结伙作案12起,勒索被害人33万元。

(四)少数基层司法人员参与其中

少数司法人员为获取利益,参与套路贷犯罪,有的为犯罪组织提供“保护伞”,有的则直接参与。赵某某滥用职权案中,被告人系派出所工作人员,收取小贷公司好处费,非法查询有关人员前科劣迹记录、住宿信息、网吧上网记录150余次,为套路贷犯罪实施提供便利,被依法追究刑事责任。赵某某等9人强奸案中,犯罪嫌疑人赵某某、司某某为该县某派出所辅警,他们组织王某某等人长期从事“校园”贷犯罪,先后对5名被害人实施10余次强奸行为,在当地造成了恶劣的社会影响,严重破坏了经济社会秩序。

四、对策建议

目前,国家已部署开展互联网风险专项整治,最高人民法院也专门下发规范民间借贷的通知,上海、浙江、江苏等地也相继出台惩治套路贷犯罪的工作意见和证据指引,为打击套路贷违法行为提供了制度规范。下一步,仍需要加大打击力度,切实保护人民群众财产安全。同时,结合调研情况,笔者提出如下建议:

(一)进一步构建多部门联动的整治格局

虽然目前金融办、银监局、公安部等部门联合发布通知,专项整治非法放贷行为,但金融办无执法权,牵头存在诸多困难,在地方上难以很好地落实。建议针对民间借贷市场违法放贷行为,积极推进源头防控和末端打击相互配合,结合打好三大攻坚战和金融市场整顿工作,由政法委或扫黑除恶办牵头,金融、市场监管、司法各部门密切配合,实施全链条全方位打击。严格审批民间借贷公司注册登记和日常管理,对无证经营、超范围经营的依法予以取缔,对存在诈骗、敲诈勒索等套路贷犯罪的依法追究刑事责任。建立行政执法与刑事司法信息互通机制,监管部门与司法部门通过联席会议等方式,实现信息共享,提升整治质效。

(二)建立职业放贷人黑名单

从司法实践来看,民间借贷已形成专门产业,呈现职业放贷特征,不仅放贷主体人数增多,放贷手段也更具隐蔽性。建议推动建立“职业放贷人黑名单”,对在一段时间内,连续多次提起借贷诉讼的人员,制作详细名录;加强对在册人员涉及案件的甄别,重点从借贷缘由、资金来源、真实数额等方面实施把控。特别是当发现疑似“套路贷”案件时,要及时指导被害人提供相关证据,将线索移交公安机关处理。

(三)开展套路贷虚假诉讼专项监督

调研中发现,套路贷犯罪案件一旦被查处,往往牵涉出一批民事虚假诉讼案件,检察机关在办理陆某某诈骗案、盛某等人组织、领导、参加黑社会性质组织案中,摸排出虚假诉讼案件 12 件,这些案件也是深挖套路贷犯罪的重要线索。建议司法机关适时联合开展专项监督行动,全面梳理套路贷刑事案件背后的监督线索,重点对审查逮捕、审查起诉的黑恶势力侵财型刑事案件进行“回头看”,审查民事判决是否综合考量借贷实际、民事执行是否规范、民事调解书涉及内容是否损害社会公共利益,切实加强对民商事案件的监督,依法保护当事人合法权益。

(四)逐步推动完善民间借贷监管立法

目前,我国在民间借贷立法方面还需要加强,有必要开展专题立法研究,充分吸收德国、日本、韩国等域外国家成熟的立法例。在行政监管立法方面,建议有关部门尽快出台《民间借贷条例》和《放贷人条例》,条件成熟时可出台《民间金融法》,弥补民间借贷漏洞,为民间借贷市场定规立制,引导其在法制的轨道上良性发展。在刑事立法方面,建议对情节严重的职业放贷人可增设非法放贷罪,加大对非法放贷的打击力度,更好地保障人民群众财产安全。

江苏省醉酒型危险驾驶罪案件专项调研分析报告

李前国　曹丽芸*

自2011年5月《刑法修正案(八)》将醉酒驾驶入罪以来,全省检察机关受理审查起诉危险驾驶犯罪案件101672件101781人,同期全国检察机关共受理1075656件1078217人①。醉驾入刑以来,各方面争议不断,执法司法实践中也暴露出诸多问题。本文选取苏南、苏中、苏北七个基层单位2016—2017年办理的醉驾案件5644件5644人作实证分析②。

一、基本特点

(一)受理数逐年上升,已成为全省第二大罪

2012年以来,我省危险驾驶案件呈逐年上升趋势,占同期案件比例自2016年开始超过五分之一。2018年上半年我省已突破1万件,占比达22.97%(见图1)。这种上升趋势,与全省机动车拥有量的增加相对应,每万辆机动车发生危险驾驶罪案件数略有上升(见图2)。2011年5月至2018年6月,我省危险驾驶案件占同期案件总量的17.76%,全国亦达12.7%。无论是在江苏省还是在全国,该罪均成为第二大罪,仅次于盗窃罪。

* 李前国,江苏省人民检察院案管处副处长;曹丽芸,江苏省人民检察院案管处检察官助理。

① 这里取检察机关最具代表性的审查起诉阶段受理数,下同。

② 2016—2017年,我省公诉环节受理危险驾驶案件排名前六的市为苏州、南京、无锡、徐州、淮安、南通(合计21998件,占全省危险驾驶案件数的64%),从六市中选取排名靠前的昆山、六合、江阴、睢宁、涟水、如东等六家基层院和扬州全市等共七个单位办理的危险驾驶数据(合计5655件,占全省总数的16.57%,其中醉驾5644件5644人)为基础进行分析,具有较强的代表性。

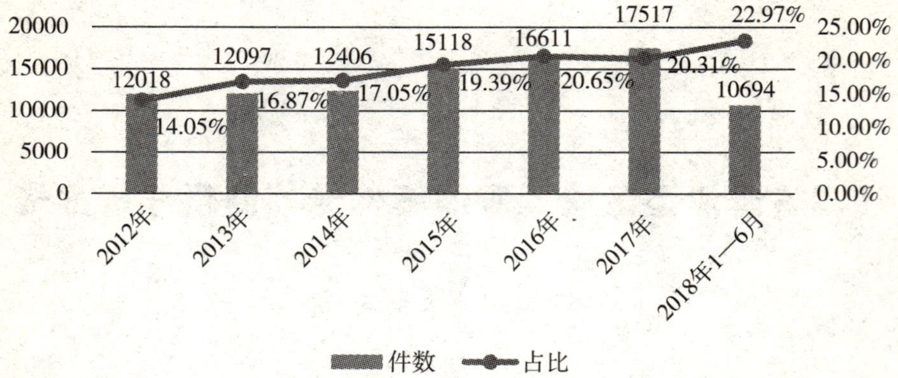

图 1 2012—2018 年全省危险驾驶受案情况

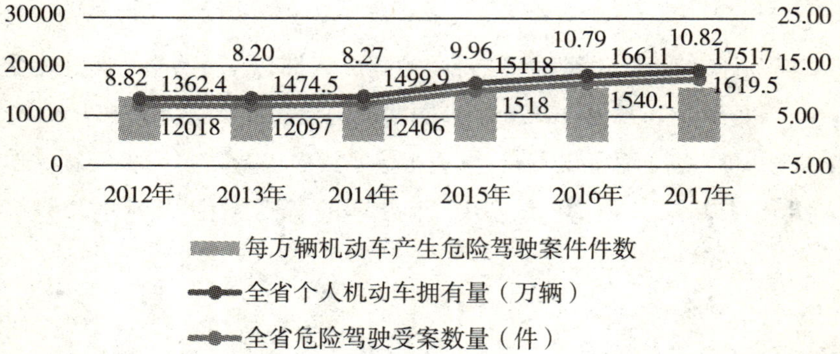

图 2 2012—2017 年机动车保有量与危险驾驶受案情况

（二）无固定职业人员占比高，国家工作人员占比虽低，但近年来略有上升

5644 人中无固定职业人员 4896 人，占 86.75%；非国有公司企业事业单位人员和国家工作人员合计 296 人，占 5.24%，其中国家工作人员 39 人。2012—2017 年，国家工作人员醉驾人数占比虽有小幅波动，但总体呈上升趋势（见图 3）。

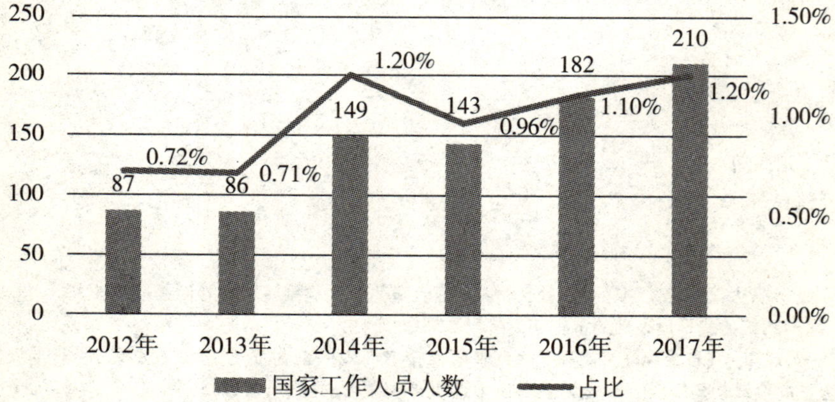

图 3 2012—2017 年全省醉驾人员中国家工作人员占比情况

（三）持C照和驾龄3—10年人群占比较高

驾驶人持有驾照的共4042人，占比71%；不符合准驾车型驾驶和无驾照驾驶的共1602人，占比29%；持C照2585人，占比63.95%（见图4）；醉驾车辆中，小汽车3012辆，占案发车辆的53.37%。驾龄3年以上不满10年的2239人，占比52%；驾龄不满3年和10年以上的分别占比13%和35%。统计数据表明，持C照和驾龄在3—10年人群更易犯罪，且打击无证驾驶还需加强。

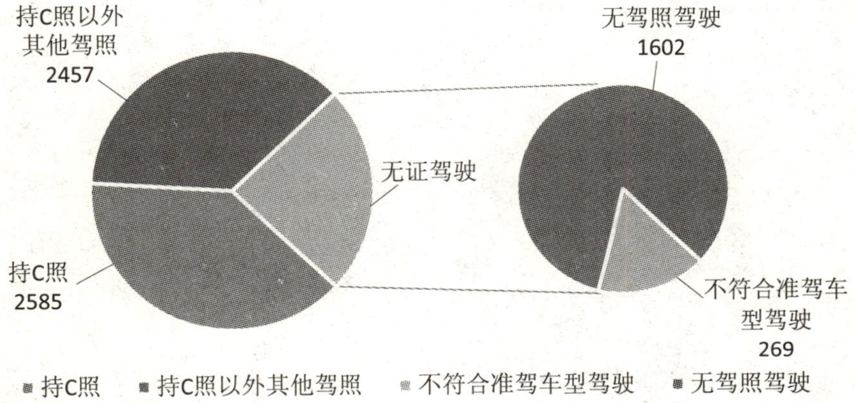

图4 2016—2017年7地区醉驾人员驾驶资格情况

（四）半数以上发生事故，且120mg/100ml以上最易发生事故

醉驾发生事故并造成车辆或人员损伤的3124件，占比55.35%，即超过半数以上的醉驾发生事故。而发生事故的案件中，酒精含量达到或超过120mg/100ml的2425人，占比77.62%；不满120mg/100ml的699人，占比22.38%，其中，80mg/100ml以上不满100mg/100ml的仅295人，占比9.44%（见图5）。

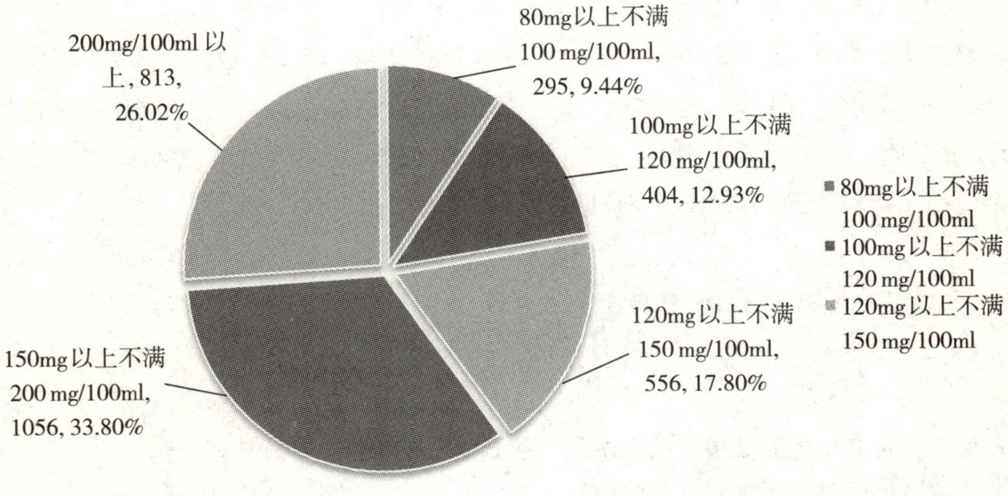

图5 2016—2017年7地区发生事故的案件中醉驾人员酒精含量情况

(五)无证驾驶摩托车问题突出,醉驾摩托车更易造成人身和财产双重损害后果且赔偿不足

醉驾车辆中摩托车 2306 辆,占比 40.85%,无证驾驶和不符合准驾车型驾驶的驾驶人中 79.28% 驾驶了摩托车。发生事故的小汽车和摩托车分别为 1632 件和 1316 件,但同时造成财产和人身损害的分别为 151 件和 356 件,表明摩托车事故更容易造成人身伤害和财产损失的双重后果。在发生事故造成损害的 3124 件案件中,未赔偿的主要集中在摩托车,有 395 件,占比 60.03%(见图 6)。

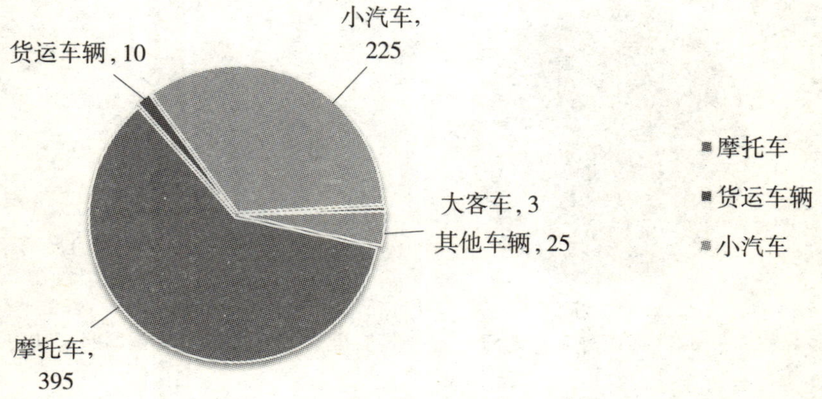

图 6　2016—2017 年 7 地区发生事故未赔偿案件中醉驾人员的车辆驾驶情况

(六)归案以公安机关查获为主

被公安执勤查获或他人报案后归案的 4507 人,占比 79.85%,另自首和逃逸的分别为 965 人和 172 人,占比分别为 17.1% 和 3.05%。在公安机关查获的 4507 件案件中,未发生事故的 2408 件,占 53.43%,即超过半数的案件系公安机关主动查获。

(七)宣告刑罚以实刑为主,但缓刑人员亦超三成且适用比例不一

已判决的 5490 名醉驾人员中,宣告实刑的 3585 人,占 65.3%;宣告缓刑的 1894 人,占 34.5%。2016—2017 年,全省危险驾驶案适用缓刑的比例为 34.5%。被调研的扬州、涟水、如东危驾案件缓刑适用比例较高,分别为 65.56%、52.9% 和 47.88%;而南京六合缓刑适用比例较低,为 9.85%,与扬州的适用缓刑率之比为 1:6.66。

二、办案中存在的问题和影响

(一)醉驾入刑标准设置不尽科学,一定程度上造成了司法资源的浪费和社会关系的破坏

法律规定当事人血液中酒精含量是否达到 80mg/100ml 是衡量酒后驾驶行为是否构成危险驾驶罪的最核心甚至是唯一的标准。而实践中每个人对酒精的耐受力不一样,社会危险性也就不一样。著名刑法专家张明楷曾在《人民法院报》撰文指出,醉驾属于抽象

危险犯,完全没有危险的行为,不可能成立本罪。调研结果显示,发生事故的多为酒精含量在120mg/100ml以上阶段的人群,亦即酒精含量120mg/100ml以下的醉驾人员现实危险性较小,特别是不满100mg/100ml的占比不到一成。现行这种“一刀切”的仅以血液中酒精含量作为评判是否构罪的标准,显然未能考虑个体差异对行为控制能力和公共安全威胁的影响差异,一定程度上扩大了刑事责任追究范围,使全国大量的司法资源集中于办理这一轻罪案件,并使全国每年近15万的男性青壮年①沦为罪犯,对国家司法资源的占用以及对个人、家庭、子女及社会关系的破坏,都十分巨大。

(二)醉驾的刑罚设置具有一定局限性,未能形成有效震慑

危险驾驶罪的法定刑为“拘役并处罚金”,而司法实践中有些危险驾驶行为较为恶劣,判处拘役难以做到罪责刑相适应。体现为:一是危险驾驶导致重大交通事故致人重伤、死亡尚不构成其他犯罪时,只能定危险驾驶罪判处拘役,难以做到罪责刑相适应;二是对多次危险驾驶的,因不符合现行法律关于“累犯”的规定,一般不能实行法定刑升格,不能体现罪责刑相适应原则并最大化发挥刑罚的震慑作用。

(三)相对不起诉制度未能全面有效落实,大量可不诉的案件进入审判程序

我省危险驾驶案件中适用不起诉比例相对较低,为2.29%,而一般刑事案件不起诉比例为3.52%。调研的七个地区中差距较大,昆山、扬州、江阴相对不起诉比例分别为2.37%、1.02%和0.58%,涟水、睢宁为1,而六合、如东则为0。究其原因,除醉驾入刑之初自上而下从严控制的要求之外,既有检察机关为配合公安考核起诉人头数而较少决定不起诉的因素,亦有相对不起诉程序相对较为烦琐而使承办人更倾向于选择起诉的因素。

(四)宣告缓刑的适用尺度地区差异明显,同案不同罚一定程度上破坏了法制统一

我省公检法《关于办理醉酒驾驶案件的座谈会纪要》(苏高法〔2013〕328号)规定,醉酒驾驶机动车情节较轻,符合《刑法》第72条规定的被告人可以宣告缓刑,同时明确了“血液酒精含量在200mg/100ml以上”等七种一般不得适用缓刑的情形。实践中,各地法院适用缓刑的标准和比例地区间存在明显差异。如南通如东县掌握标准为血液中酒精含量在200mg/100ml以下,淮安涟水县为150mg/100ml以下,南京六合区则为驾驶汽车120mg/100ml以下、驾驶摩托车140mg/100ml以下。

三、相关建议

(一)改进入罪标准,建议适度提高入罪标准并采用绝对数量和相对数量相结合的构罪标准

可以适当借鉴吸收国外关于醉驾判断标准,采用绝对标准和相对标准相结合的方

① 5644名醉驾人员中,男性占比98.56%,18-45周岁的占比63.06%。

法,科学合理地确定醉驾案件构罪标准,更好地实现刑事司法程序和行政处罚程序的衔接。建议以我国现行规定为基础,借鉴国外先进经验,增加步行回转试验、单腿直立试验、画同心圆等方式检测,进一步明确和完善测试的标准和程序,以科学地确定酒后驾驶能力。可适度提高入罪酒精含量标准至 100mg/100ml,并对酒精含量在 100—150mg/100ml 之间的驾驶人,采用相对标准进行驾驶能力测试,通过测试的给予行政处罚,未能通过的以危险驾驶罪立案处理;对于含量超过 150mg/100ml 的,按绝对标准直接进入刑事司法程序。

(二)优化刑种设置,更好地体现罪刑相适应

建议改变当前拘役这一唯一特定刑种设置,增加危险驾驶罪刑种,并适当扩大量刑幅度。可以规定,犯危险驾驶罪的,判处 3 年以下有期徒刑或拘役,并处罚金,以适度增加处罚力度范围,并在一定程度上提高其法律威慑力。具体操作中,建议以拘役为基本刑种,将有期徒刑作为加重刑种,同时明确判处有期徒刑的情形和条件,比如醉酒驾驶造成重大交通事故的、多次实施危险驾驶行为的,等等。

(三)检察机关充分行使不起诉权,同时进一步规范相对不起诉的标准和程序

省院或者高检院牵头制定细化统一的、定性与定量相结合的醉驾案件相对不起诉适用标准。在定量方面,可以把血液酒精含量为 120mg/100ml 作为硬性标准,高于此线的一律不能相对不诉;定性方面可综合考量醉驾人行驶的道路种类、时间段点、距离长短、驾驶事由、损害后果、前科劣迹、认罪悔罪态度等情节。同时,要适度简化相对不起诉程序,消除检察官顾虑,赋予其更大的自主权,可以明确符合不起诉条件的由分管检察长审批即可,对是否符合不起诉条件存在一定疑义的方需提请检委会讨论决定。

(四)统一和细化醉驾案件的缓刑适用标准

我省公检法《关于办理醉酒驾驶案件的座谈会纪要》明确了不能适用缓刑的几种情形,但对于这些情形之外到底以何标准来判缓刑标准不一,法院自由裁量的空间较大,因理念不同和标准不一造成的同案不同判现象较为普遍。建议省级层面能够进一步研讨,明确和细化缓刑的适用标准,以维护法治统一。

(五)公安机关改变突击查处方式,建立常态化查处机制

公安查获的醉驾案件中超过一半未发生事故,系在公安"临检"状态下查获。2015 年 3 月,公安部出台《关于进一步加强酒驾查处工作的意见》,将查处酒驾工作纳入年度工作考核评价,直接使得 2015 年全国醉驾案件较 2014 年增幅达 21.86%。这种"运动式"的查案方式,使得在相关专项活动开展时间和考核时间节点内的醉驾案件数相应激增。为此,建议公安机关改进醉驾查处模式,坚持日常检查与专项整治相结合,既加强重点地区、时段、路段的查处管控,又加大对乡镇、农村等非重点区域的巡查力度;既加强对醉驾行为的查处,又加强醉驾危害后果的宣传;既注重对已取得驾照的事后查处,又注重对学习申领驾驶资格人的事前教育。

（六）着重加强对摩托车的管理，尤其是对农村地区重点整治

醉驾案件中摩托车占比较大，尤其是如东、睢宁等县级地区占比更高，分别达69.3%和53.58%。而摩托车醉驾发生事故率为57.07%，赔偿率为69.98%，相较于小汽车醉驾发生事故率54.18%和赔偿率86.21%而言，危害后果更加严重。公安机关要重点加强对农村地区摩托车的管理，特别是要注重及时查处无证无牌和酒后驾驶摩托车等行为；对摩托车驾驶培训和驾照申领等工作，也要加强管理。

（七）大力发展公共交通事业，扶持和规范代驾行业

各级政府要进一步加大对公共交通事业的政策扶持和财政投入力度，合理规划公交线路，扩大辐射范围，延长服务时间，提升服务质量，更好地满足群众需求。积极扶持和规范代驾行业发展，加强监督管理，建立相应准入制度和信用评价体系，规范收费标准，提升服务水平，促进代驾行业健康发展，有效防范和减少醉驾行为的发生。

使用虚假身份证件犯罪的司法认定研究

杨　杨　王园园*

摘要:《刑法修正案(九)》增设使用虚假身份证件罪,发挥了维护社会信用管理秩序、保护个人身份信息的积极作用。因对"国家规定""身份证件""情节严重"等构成要素的理解与适用存在争议,导致使用虚假身份证件行为在区分罪与非罪、此罪与彼罪上产生分歧。有必要明确"情节严重"的认定标准,谨慎把握构成要素的适用范围,严格区分与关联犯罪、行政违法行为的界限。

关键词:使用虚假身份证件　情节严重　行政违法

《刑法修正案(九)》在《刑法》第280条后增设使用虚假身份证件、盗用身份证件罪:"在依照国家规定应当提供身份证明的活动中,使用伪造、变造的或者盗用他人的居民身份证、护照、社会保障卡、驾驶证等依法可以用于证明身份的证件,情节严重的,处拘役或者管制,并处或者单处罚金。有前款行为,同时构成其他犯罪的,依照处罚较重的规定定罪处罚。"使用虚假身份证件行为虽纳入刑法评价体系,但司法实务部门对"国家规定""情节严重"等构成要件要素理解适用不同,导致在罪与非罪、此罪与彼罪区分判断上产生较大分歧。本文以中国裁判文书网公布的江苏省检察机关办理的使用虚假身份证件犯罪案例为分析样本,剖析该类犯罪在法律适用中存在的问题,对于完善、统一适用标准进行深入思考。

一、使用虚假身份证件犯罪案件基本情况

从公开案例看,2016年3月至2018年5月,江苏省检察机关共办理使用虚假身份证件犯罪案件50件。从地域分布来看,徐州泉山、铜山、邳州、丰县共办理22件,苏州相城、

---

* 杨杨,江苏省淮安市人民检察院研究室副主任;王园园,江苏省淮安市清江浦区人民检察院研究室副主任。

吴江、常熟、太仓、昆山共办理8件，淮安清江浦、淮安区、洪泽共办理8件，镇江扬中、丹阳共办理4件，南通通州、海安共办理3件，常州溧阳、连云港赣榆、宿迁沭阳、扬州邗江、高邮各办理1件（见图1）。

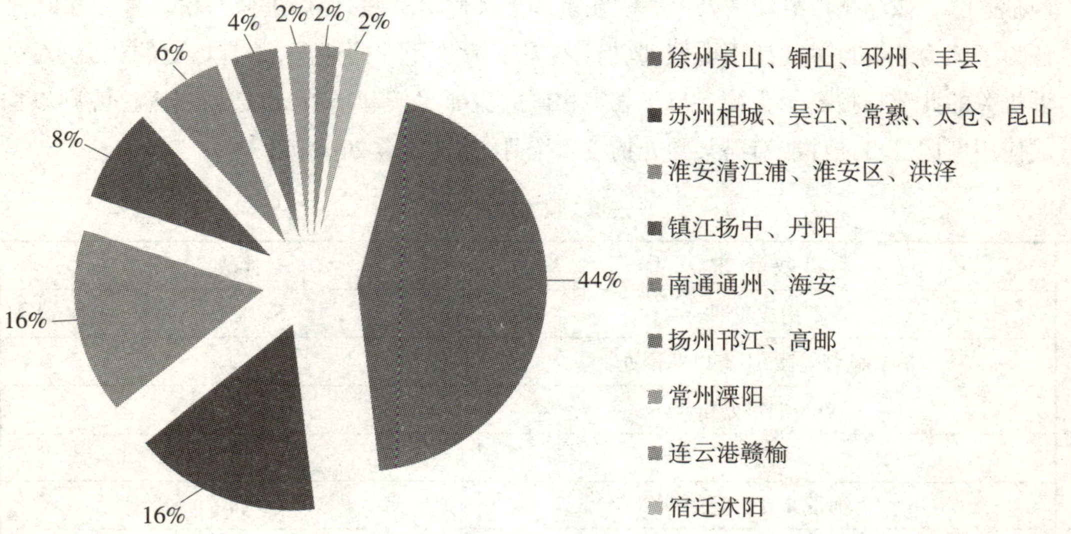

图1 案件地域分布情况

通过分析发现，该类案件具有以下主要特征：

1. 以买卖、伪造或变造的方式获得并使用，且虚假证件多为贴附本人照片，套用他人身份信息的虚假驾驶证。从构成要件来看，该罪的"证件"主要指居民身份证、护照、社会保障卡、驾驶证。除3起案件涉及居民身份证外，其余47起案件均为使用虚假驾驶证的行为。行为人为应对检查，通常以购买的方式将照片提供给办假证人员或将捡拾的他人驾驶证进行变造，后持贴附本人照片、套用他人身份信息的虚假证件驾驶机动车辆。

2. 行为人均被现场查获，以交警部门例行检查案发居多。从调研情况来看，30起案件系交警部门在高速路口收费站或重要道路关卡例行交通检查被发现，占比65.2%。另因超载、违反禁止性标志等交通违法检查案发7件，行为人办理交通违章或贷款等业务时使用假证被现场查获5件。案发后行为人均有坦白情节，对自己使用虚假证件的行为供认不讳。

3. 检察机关审查决定改变公安机关移送罪名占比较大。经统计，该50件使用虚假身份证件犯罪案件中，公安机关移送审查起诉罪名为其他罪名案件18件，占比36%。其中，移送案由为伪造、变造、买卖身份证件罪12件，买卖身份证件罪、变造身份证件罪各2件，伪造、变造身份证件罪、买卖国家机关证件罪各1件。可以看出，公、检机关对身份证件犯罪的区分在认识上不够统一。

4. 同案不同判现象较为突出。从判决情况来看，对于向他人购买假证后使用的行为,涉案地区司法机关认识不尽一致。如淮安市清江浦区人民检察院办理的张某等 2 起使用虚假身份证件案中,行为人 3 次使用假证处理交通违章,该院经审查认为“情节严重”定罪标准不明,后公安机关主动撤回。在已判决的案件中,各地法院也有较大差异(见表 1)。如苏州市吴江区人民法院在审理于某危险驾驶、使用虚假身份证件犯罪时,① 认为于某为蒙混过关而使用虚假驾驶证不属于情节严重的情况,不宜以犯罪论处,对公诉机关的此节指控不予支持。与于某案相同的犯罪事实和情节,南通通州区法院则以构成使用虚假身份证件罪对冯某判处拘役 3 个月,并处罚金 2000 元。②

表 1　判决情况统计

判 决 情 况	件数
不构成犯罪	1
情节显著轻微,不宜以罪论处	1
免予刑事处罚	1
管制	10
拘役并宣告缓刑	18
拘役实刑	10
单处罚金	7

二、使用虚假身份证件犯罪存在的法律适用问题

(一)关于“国家规定”和“身份证件”的理解

构成该类犯罪,必须发生依照国家规定应当提供身份证明的活动。对于国家规定,根据《刑法》第 96 条规定,仅限于全国人大及其常委会制定的法律和决定,国务院制定的行政法规、规定的强制措施、发布的决定和命令。如《道路交通安全法》第 19 条规定,驾驶人应当按照驾驶证载明的准驾车型驾驶机动车,并随身携带机动车驾驶证;国务院发布的《互联网上网服务营业场所管理条例》《旅馆业治安管理办法》均明确,上网服务营业场所单位、旅馆应对上网消费者和住宿旅客进行身份核对、登记。应该说,“国家规定”的范围是明确的,但对“国家规定”中“应当提交身份证明的活动”的理解,在具体案件适用上存在认识分歧,有的认定范围较宽,有的则认定范围较窄,影响到罪与非罪的判断。如苏州常熟市人民检察院办理的席某等人非法利用信息网络、使用虚假身份证件案,③法院认定席某使用虚假身份证件对其所使用的微信进行实名认证,不属于依照国家规定应当提供身份证明的活动,对公诉机关指控的使用虚假身份证件罪不予支持。法院依据行为

① 江苏省苏州市吴江区人民法院(2017)苏 0509 刑初 1050 号一审刑事判决书。

② 江苏省南通市通州区人民法院(2017)苏 0612 刑初 762 号一审刑事判决书。

③ 江苏省苏州市常熟市人民法院(2017)苏 0581 刑初 898 号一审刑事判决书。

时法律规定作出前述判决是正确的。另外,对使用伪造身份证件签订租赁合同的行为亦存在认识差异,如四川成都锦江区人民检察院办理的蒋某案,[①]检、法两院均认定其盗用他人身份证签订租赁合同,属应当提供身份证明的活动。从已公布江苏省检察机关办理的案件看,无一例将该种使用虚假身份证从事经济行为的情形认定为该罪。

关于"身份证件",其载体如何理解,是否包含身份证件信息,实践中认定不一。如广东中山第二市区人民法院在处理何某盗窃案时,[②]对何某冒用其弟何某坚个人身份信息被判处刑罚,并再次犯罪继续冒用致何某坚被刑拘的行为,法院审理认为何某在被追究刑事责任过程中仅以供述的方式冒用何某坚的个人身份信息,而非盗用其居民身份证。相反,苏州常熟市人民检察院办理的王某盗窃、盗用身份证件案,[③]起诉认定王某盗用他人身份信息并被刑事拘留的行为符合盗用身份证件犯罪构成,得到该市法院的支持。另外,关于身份证件的扫描件、复印件,是否与原件具有同等效力,同样需要明确。

(二)"情节严重"的认定标准不明确,与行政违法行为的界限模糊

《刑法修正案(九)》中关于使用虚假身份证件罪"情节严重",即是否要达到一定数量、次数或社会危害性等定量或定性标准,没有明确司法解释,影响了对该罪的出入罪标准把握。除前述于某案外,扬州高邮市人民检察院办理了一起程某使用虚假身份证件案,[④]法院认为程某犯罪手段一般,未造成严重后果和恶劣的社会影响,归案后如实供述,免予刑事处罚。从已公布的其他地区判决情况来看,同于某、程某案类似的行为均被认定为情节严重,构成使用虚假身份证件罪并被判处罚金、管制或拘役等不同程度的刑罚。如苏州太仓张某[⑤]、徐州丰县凡某[⑥]、淮安洪泽丁某[⑦]使用虚假身份证件案等。亦有法院在判决认定情节严重前,明确"多次使用""使用长达3年""使用长达一年并在高速公路上使用""曾因使用伪造驾驶证被行政处罚"等表述。另外,该类犯罪与行政违法行为的边界不清,缺乏明确划分标准,易造成出入罪的混乱。如《道路交通安全法》第99条规定,无证驾驶的,将被处200元以上2000元以下罚款的行政处罚。相对于无证驾车行为,如不分情节轻重,对所有使用虚假驾驶证的行为均入罪,就会纵容无证驾驶,造成的社会危害性更大。再如,《居民身份证法》第17条规定了冒用或使用伪造、变造的居民身份证,公安机关可以对其行政处罚。因情节严重认定标准不明,刑事与行政违法难以区分,易出现重复评价现象。如浙江省杭州市萧山区人民检察院办理的陈某案,[⑧]陈某因使用

① 四川省成都市锦江区人民法院(2017)川0104刑初374号一审刑事判决书。
② 广东省中山市第二人民法院(2017)粤2072刑初1415号一审刑事判决书。
③ 江苏省苏州市常熟市人民法院(2017)苏0581刑初865号一审刑事判决书。
④ 江苏省扬州市高邮市人民法院(2016)苏0184刑初50号一审刑事判决书。
⑤ 江苏省苏州市太仓市人民法院(2017)苏0585刑初519号一审刑事判决书。
⑥ 江苏省徐州市丰县人民法院(2018)苏0321刑初163号一审刑事判决书。
⑦ 江苏省淮安市洪泽区人民法院(2018)苏0813刑初27号一审刑事判决书。
⑧ 浙江省杭州市萧山区人民法院(2016)苏0109刑初1679号一审刑事判决书。

伪造证件被行政拘留 10 日、罚 2100 元,又因同一事实被判决构成使用虚假身份证件罪,后对之前作出的行政处罚予以撤销。

(三)与其他身份证件关联犯罪的区分不统一

作为上下游犯罪,现实中往往出现买卖、伪造、变造、使用身份证件等多种行为交织,也增加了犯罪行为认定的难度。主要是对向办证人员提供个人信息后购买假证并使用的行为定性,尚未形成统一认识。如辽宁开原、四川绵竹、山西阳泉城区等地检察院认为构成买卖证件罪,湖南长沙雨花区、河南渑池县等地人民检察院则指控为伪造身份证件罪,江苏丰县、苏州太仓、福建莆田、内蒙古乌审旗等地人民检察院则认为符合使用虚假身份证件犯罪构成,以上地区法院均以使用虚假身份证件罪作出判决。又如网吧经营者将他人真实身份证件提供给无证人员上网使用的行为,徐州铜山区人民检察院办理的张某某案,①检、法两院均认定为使用虚假身份证件罪,而苏州常熟市人民检察院办理的徐某峰案②、李某珍案③以及连云港市灌云县人民检察院办理的何某案④则以盗用身份证件罪追究其刑事责任。该罪与盗用身份证件犯罪的核心区别在于身份证件的真实性,前者必须是伪造或变造的假证,而盗用身份证件犯罪是冒用他人真实合法有效证明身份的证件。徐州铜山区人民检察院办理的张某某案应认定为盗用身份证件罪。

三、完善法律适用标准和司法实践的思考

针对使用虚假身份证件案件在法律适用和定罪标准上存在的较大分歧,有必要统一司法尺度。对此,可从以下几个方面重点把握:

(一)严格把握"国家规定""身份证件"构成要素的适用范围

严格执行《刑法》第 96 条规定的内容,不随意作扩大或限缩解释。特别要指出的是,2018 年 8 月 31 日全国人大常委会通过的《中华人民共和国电子商务法》第 10 条,明确规定电子商务经营者应当依法办理市场主体登记。该条提高了电子商务经营者的市场门槛,包含微店在内的电子商务平台销售商品或提供服务的经营者均要遵守规定。相应地,前述席某案类似使用微信实名认证的行为也应纳入依照国家规定应当提供身份证明的活动。另外,对尚未纳入国家规定,现实生活中约定俗成需要提供身份证明的行为,办案中应引起高度注意。需要特别指出的是,合同法规定的合同订立和生效条件中,并未明确合同双方当事人应当提供身份证件,而实践中签订房屋租赁、汽车租赁合同时要求提供身份证的行为系一种交易习惯,而非法律规定"应当提交身份证明的活动",不符合使用虚假身份证件犯罪的构成要件。

---

① 江苏省徐州市铜山区人民法院(2018)苏 0312 刑初 82 号一审刑事判决书。
② 江苏省苏州市常熟市人民法院(2018)苏 0581 刑初 2 号一审刑事判决书。
③ 江苏省苏州市常熟市人民法院(2017)苏 0581 刑初 1713 号一审刑事判决书。
④ 江苏省连云港市灌云县人民法院(2018)苏 0723 刑初 261 号一审刑事判决书。

从现有公布案例看,使用虚假身份证件犯罪多因使用虚假驾驶证、身份证被查处,尚未涉及身份信息的问题。在盗用身份证件犯罪中,身份信息是否属于该罪的评价范围,目前存在不同的观点。有人认为,《刑法》第280条之一明确身份证件限于居民身份证、护照、社会保障卡、驾驶证等证件,将其扩大到身份信息属于扩大解释。在刑事诉讼活动中故意盗用他人身份证件信息接受刑事处罚,极易造成被盗用人成为诉讼对象甚至被限制人身自由,也严重扰乱了司法秩序,情节严重,应一并纳入身份证件的范畴。对于机动车行驶证是否属于身份证件,笔者认为,因行驶证记载内容不能证明个人的身份情况,不应纳入该类犯罪的评价范围。另外,关于身份证件的扫描件或复印件,在应当提供身份证明的活动中对扫描、复印件予以认可的,应当视为与原件具有同样的法律效力。

(二)明确"情节严重"的具体认定标准

不少地区检察机关就实务中遇到的问题也作了一定的探索,如北京市人民检察院就该类犯罪的法律适用问题专门下发文件,其中"情节严重"主要是指以实施其他犯罪为目的使用虚假身份证件;使用虚假身份证件次数多、数量大;非法牟利数额大;严重扰乱相关事项的管理秩序;严重损害第三人的人身或者财产权益等。另外,上海市检察机关认定"情节严重"的标准主要参照该市2013年公、检、法、司共同会签的《关于本市办理部分刑事犯罪案件标准的意见》中伪造、变造、买卖国家机关公文、证件、印章的入罪标准,即涉案身份证件3件以上或不满3件但有特定情节,达到该数量标准3倍以上的,属于"情节严重"。根据2007年最高人民法院、最高人民检察院(以下简称"两高")《关于办理与盗窃、抢劫、诈骗、抢夺机动车相关刑事案件具体应用法律若干问题的解释》第2条规定,对伪造、变造、买卖机动车行驶证、驾驶证、登记证书,累计3本以上的,以伪造、变造、买卖国家机关证件罪定罪处罚,累计达到数量标准5倍以上的,属于情节严重。建议"两高"深入开展类案研究,及时出台司法解释,统一法律适用。除参照上述司法解释确立数量标准外,可结合其前科情况、是否用于违法犯罪及危害后果等因素综合考量,如可参考使用时间长短、次数、有无因相同事实被行政处罚、有无导致重大损失或严重扰乱社会公共秩序等要素。

(三)重点做好与关联犯罪的证据审查

对于办理使用假证犯罪行为中交织的伪造、变造、买卖行为,除需行政机关出具的关于证件真伪的认定说明以及发证机关出具的证件查询信息等核心书证外,应当查实其有无伪造、变造、买卖的事实证据。从客观情况来看,行为人为达到以假乱真的目的,大多通过街边小广告等找到专门从事办假证业务的第三方,而该类人员因其流动性较大或逃避打击不留真实信息,往往成为取证的难题。对仅有被告人供述,无其他证据证实有伪造、变造或买卖证件的使用虚假证件行为,只能以使用虚假身份证件罪定罪处罚。相反,则应依照《刑法》第280条之一第2款的规定,依照处罚较重的伪造、变造、买卖身份证件罪定罪处罚。

（四）加大对身份证、驾驶证等个人身份信息保护，从源头上切断制假、售假、倒卖的黑色利益链条

以虚假驾驶证为例，调研中发现，虚假证件通常是由他人真实的驾驶证信息，贴附行为人本人照片组成。行政机关执法检查时，除非对证件进行专门的查验，否则极易使其蒙混过关。除加强行业自律、提升用户隐私安全意识外，应严格落实网络安全法的相关规定，加强职能部门协作联动，实现网信、公安、保密等部门对个人身份信息的合力监管。

前沿探讨

捕诉合一背景下保障与规范审查逮捕权的制度建构

卢 晨*

摘要：逮捕措施是最为严厉的刑事强制措施，直接影响犯罪嫌疑人的人身权利。面对捕诉合一影响审查逮捕权的种种争议，探讨审查逮捕权的本质属性，在现行法律框架下通过制度设计来保障及规范审查逮捕权的行使，从审查逮捕程序的提起—审查—决定—捕后四个环节具体构建保障审查逮捕权中立性、独立性的可行性路径，在捕诉合一的背景下使审查逮捕权增强实体上的规范性及程序上的正当性。

关键词：捕诉合一　审查逮捕权　制度建构

近年来，检察机关应实行捕诉分离还是捕诉合一机制在理论界和实务界引发众多争议，部分省份基层检察院根据最高人民检察院要求开始试行捕诉合一改革，其正向价值逐渐显现，办案效率及办案质量大幅提高。但对捕诉合一机制仍有不少争议及担忧，其中最大的争议在于捕诉合一会进一步弱化审查逮捕权的中立性，使检察机关行使审查逮捕权缺乏法理上的正当性基础。对此，笔者认为众多的利弊之争于理论、实务及制度的进步无太大意义，在现行法律框架下通过制度设计来保障及规范审查逮捕权的行使，使其获得实体上的规范性及程序上的正当性，对捕诉合一可能造成的影响进行化解，才具有现实意义。

一、捕诉合一机制影响审查逮捕权的理论争议

关于检察机关捕诉分离与捕诉合一两种机制的利弊争议，赞成者认为捕诉合一体制

---

* 卢晨，江苏省昆山市人民检察院刑事检察二部检察官助理，华东政法大学刑法学硕士。

具有众多优势,例如提高工作效率,防止捕诉工作脱节,有利于引导侦查方向和监督,是适应司法改革的必然选择,等等;反对者认为捕诉合一不利于保证案件质量,弱化了侦查监督职能,容易引发违法违纪行为,压缩嫌疑人及其辩护人的辩护空间,等等。

而历来对捕诉合一最大的争议与担忧即是对审查逮捕权的影响,主要有以下几种观点:一是否定了逮捕的独立性:"捕诉合一的改革设想将作为强制措施的逮捕与作为国家追诉权的公诉混为一谈,违背基本诉讼规律,否定了逮捕的独立价值。"①二是弱化了逮捕的中立性:"检察官既是审查逮捕、审查起诉中超脱于侦查方和犯罪嫌疑人的中立的审判裁断者,又是与被告人相对立的出庭质控犯罪者,其中立性就可能发生偏离。"②三是会导致审查逮捕控诉化:"不可避免地容易使批捕审查者主要从控诉角度考虑逮捕问题,审查逮捕可能增添控诉色彩。对控诉最有利的方法,当然是使犯罪嫌疑人、被告人处于羁押状态。"③四是会导致逮捕权滥用或不正确使用:一方面,该捕不捕,公诉人担心捕后诉不了,人为提高逮捕条件,或者以起诉标准衡量逮捕条件;另一方面,滥用逮捕权,公诉人为了后续诉讼进程的顺利进行,构罪即捕,忽视逮捕必要性的审查。④

对于这些捕诉合一影响审查逮捕权的争议及担忧,我们不能一概否之,任何体制的变革都是利弊共存,关键是要在公正与效率之间寻找平衡点,在实践检验之下不断修改完善,打造出最优的方案。目前,部分省份已经开始试行捕诉合一体制改革,从长远计,捕诉合一是我国司法体制及检察工作机制改革的重点内容,当下理论上的利弊争议并无太大意义,厘清审查逮捕权的本质属性,在现行法律框架下提出促进、完善、配合之策,才是当务之急。

二、审查逮捕权的本质属性探讨

联合国《公民权利和政治权利国际公约》第 9 条第 3 款规定:"任何因刑事指控被逮捕或拘禁的人,应被迅速带见审判官或其他经法律授权行使司法权力的官员,并有权在合理的时间内受审判或被释放。"逮捕措施会较长时间使犯罪嫌疑人处于羁押状态,直接剥夺了犯罪嫌疑人的人身自由,因此是最为严厉的刑事强制措施。但是犯罪嫌疑人在审判前应视为无罪的人,对其长期临时羁押应当具有合法性、正当性、必要性,因此必须由具有司法权力的中立第三方基于羁押必要性原则和比例原则审查侦查机关提请羁押的理由,决定是否羁押犯罪嫌疑人。由此可见,审查逮捕权本质上是一项审前司法审查权。既然是一项司法审查权,审查结构应当与法院的审判结构一样呈一种等腰三角形构造,

---

① 陈瑞华:《异哉,所为"捕诉合一"者》,载《中国法律评论》2018 年 5 月 29 日。

② 朱孝清:《对检察官中立性几个问题的看法》,载《人民检察》2016 年第 2 期。

③ 龙宗智:《检察机关内部机构及功能设置研究》,载《法学家》2018 年第 1 期。

④ 参见孔璋:《现行检察体制内捕诉关系的论证——兼谈中国特色审前羁押司法审查制度的构想》,载《人民检察》2004 年第 5 期。

由裁决方(预审法官、侦查法官、治安法官、少数是检察官)与控方(侦查机关)、辩方(犯罪嫌疑人及辩护人)三方构成。“按照程序正当之要求,为保证裁决的公正性,裁决主体应处于‘中立而超然’的地位”[①]。因此,作为三角结构顶点的审查者,应当具有不偏不倚的中立性。为保证中立性,裁决方应当首先是控辩双方之外的第三方,其次与控辩双方保持等距离,最重要的是与控辩双方没有利害关系。

那么,捕诉合一体制下,作为司法审查权的审查逮捕权与作为追诉权的审查起诉权交由一名检察官行使,基于角色冲突,是否会影响审查逮捕权的中立性?笔者认为无论从理论上还是从实务上,均无须过分担忧。第一,从我国检察机关的地位看,作为法律监督机关,与侦查机关权力分离,对侦查权具有监督制约职责。“监督与中立是联系在一起的,法律监督要求检察官克服片面追诉倾向,成为‘法律守护人’”[②]。我国检察机关的地位与职责强化了检察官的客观义务。第二,从审查逮捕及审查起诉职责内容来看,审查逮捕阶段的检察官首先要根据证据查明案件事实,在“有证据证明有犯罪事实”的前提下,再根据刑罚及社会危险性条件作出是否逮捕的决定。审查起诉阶段的检察官虽然具有追诉犯罪的职责,但其追诉犯罪的前提是确保“犯罪事实清楚、证据确实充分”,否则会使用延长审查起诉期限、退回公安机关补充侦查等手段进一步完善证据。第三,从司法责任制改革及绩效考核的制约机制来看,检察官如果发生捕后拘役、捕后相对不诉、捕后无罪等情况要承担考核扣分甚至追究司法责任,因此捕诉合一后审查逮捕阶段检察官必会更加谨慎,少捕慎捕。即使到了审查起诉阶段,检察官在没有确定犯罪嫌疑人有罪之前不会贸然起诉,否则司法责任制会要求其承担错诉的风险。因此,捕诉合一改革对审查逮捕权中立性的影响并没有想象中那么大,但对理论界实务界提出的担忧也应防患于未然,从制度设计上尽力消弭。

三、捕诉合一背景下保障与规范审查逮捕权的制度建构

“逮捕是否客观中立,关键不在于权力归属,而在于程序设置”,[③]我们可以通过合理的制度设置来保障与规范审查逮捕权的行使。从审查逮捕程序的提起—审查—决定—捕后四个环节具体建构保障审查逮捕权中立性、独立性的可行性路径,从而在捕诉合一的背景下使审查逮捕权获得实体上的规范性和程序上的正当性。

(一)提请批准逮捕阶段:落实侦查机关逮捕必要性证明责任

最高人民检察院、公安部《关于逮捕社会危险性条件若干问题的规定(试行)》的出台,进一步细化了五种社会危险性条件,并明确了公安机关作为逮捕必要性(社会危险

① 汪海燕:《检察机关审查逮捕权异化与消解》,载《政法论坛》2014 年第 6 期。
② 林钰雄:《检察官论》,法律出版社 2008 年版,第 57 页。
③ 孙谦:《司法改革背景下逮捕的若干问题研究》,载《中国法学》2017 年第 3 期。

性）证明责任的主体。[①] 但实践中，公安机关并未重视社会危险性证明，侦查过程中偏重犯罪证据的调取而忽视社会危险性证据的调取，提请批捕时仅在提捕文书中以“有逮捕必要”一笔带过，不说明、不论证社会危险性，案卷材料中也不提供社会危险性的证明材料，导致《关于逮捕社会危险性条件若干问题的规定（试行）》中规定的证明责任形同虚设。

为保障审查逮捕权的中立适用，作为三角结构中对立一方的侦查机关，必须切实担负起犯罪与逮捕必要性的举证责任，而不能将社会危险性的搜集证明责任抛给中立裁判的检察机关。具体可从以下几个方面进行规制：

1. 对于报捕案件提供犯罪证据的同时，必须提供证明犯罪嫌疑人存在五种社会危险性情况的具体证据或证明材料，包括物证、书证、证人证言等。

2. 侦查机关在提请批准逮捕文书中应具体说明犯罪嫌疑人存在何种社会危险性情形而认为应当逮捕，不能简单表述“有逮捕必要”。

3. 侦查机关报捕时除提交提捕书及案卷材料外，还需填写《犯罪嫌疑人社会危险性调查表》，根据所调查的证据情况如实填写犯罪嫌疑人可能具有的社会危险性供检察机关参考。

4. 侦查机关未提供社会危险性证明材料的，检察机关应当要求其提供，对于逮捕必要性证明不提供或不充分的，可作出不批准逮捕的决定。

（二）审查阶段：健全审查逮捕公开听证制度

既然审查逮捕权本质上是一项司法审查权，审查逮捕程序就应回归司法运作的方式，实现审查逮捕的公开性、中立性、亲历性，从程序上强化审查逮捕程序司法化，从而回应捕诉合一可能影响审查逮捕中立性的担忧。审查逮捕公开听证作为审查逮捕司法化改造的重要方式在理论和实务界有过不少论述及探索，但从各地的实践情况看，对逮捕公开听证的建构及运作方式较为混乱，流于形式，仍需进一步完善。

1. 借鉴值班律师制度，强化律师参与。从各地实践看，审查逮捕公开听证律师普遍参与度低，辩方力量孱弱使得公开听证缺乏对抗性，犯罪嫌疑人的权益无法有效维护。因此，对于公开听证的案件如果没有聘请律师，又不符合法律援助条件的，可借鉴认罪认罚从宽制度中的值班律师制度，邀请值班律师为犯罪嫌疑人出席公开听证提供辩护。

2. 尽量减少第三方代表参与，且不能发表意见。在参与主体上，除了侦查机关（控方）—检察官（裁决者）—犯罪嫌疑人及辩护律师（辩方）的三角结构外，对于第三方人员能否参与听证，各地做法不一。有些检察院要求邀请人民评议员、人大代表等第三方代

---

① 《关于逮捕社会危险性条件若干问题的规定（试行）》第 3 条规定：“公安机关提请逮捕犯罪嫌疑人的，应当同时移送证明犯罪嫌疑人具有社会危险性的证据。对于证明犯罪事实的证据能够证明犯罪嫌疑人具有社会危险性的，应当在提请批准逮捕书中专门予以说明。对于证明犯罪事实的证据不能证明犯罪嫌疑人具有社会危险性的，应当收集、固定犯罪嫌疑人具备社会危险性条件的证据，并在提请逮捕时随卷移送。”

表参加，并当庭发表评议意见，检察机关按照评议意见作出决定。对此笔者不敢苟同。一方面，审查逮捕期限短，邀请第三方人员花费时间精力，导致公开听证程序更为烦琐，影响公开听证的效率；另一方面，这样做也不利于司法经济及侦查保密，有司法作秀的嫌疑。对于少数舆论关注、社会影响较大、公开案情不会影响办案的案件，可以邀请第三方代表参加旁听以示监督，但需签署保密协议。另外，需明确公开听证中的裁决者是检察官，第三方代表不是参与主体，不应发表意见，更不能影响检察机关的决定。

3. 以社会危险性审查为重点。公开听证中审查的主要焦点应在犯罪嫌疑人的人身及社会危险性上，双方可以就《刑事诉讼法》第 79 条规定的五种社会危险性情形出示证据、发表意见。出于侦查保密原则，侦查机关收集的犯罪证据不宜在公开听证中出示及质证。对于事实清楚的案件，检察官可在公开听证中对犯罪嫌疑人进行讯问，以了解犯罪嫌疑人的认罪悔罪态度，同时也节省另行讯问的时间。

4. 简化审查逮捕文书制作。由于审查逮捕期限只有 7 天时间，如果较多案件引入公开听证程序，时间会更为紧迫，因此为保障公开听证程序的适用率，提高检察人员的积极性，需要简化制作《审查逮捕意见书》。建议对于公开听证的案件，《审查逮捕意见书》只需着重写明认定的案件事实、证据分析、社会危险性分析、是否逮捕的决定即可。

5. 建立逮捕理由说明制度。《人民检察院刑事诉讼规则》规定了检察机关对于作出不批准逮捕决定的，应当说明理由，连同案卷材料送达侦查机关执行。那么，根据权利对等性原则，对于批准逮捕的案件，也应当随批准逮捕决定书送达逮捕理由说明书，着重说明社会危险性理由，对于逮捕理由说明书由侦查机关执行逮捕时送达犯罪嫌疑人。

（三）作出决定阶段：建立社会危险性定量评估机制

《刑事诉讼法》第 79 条规定的逮捕条件包括证据条件、刑罚条件和社会危险性条件。三个条件具有递进式的内在逻辑，证据条件、刑罚条件是逮捕的前提，而社会危险性条件才是逮捕的核心条件。关于社会危险性条件，最高人民检察院、公安部《关于逮捕社会危险性条件若干问题的规定（试行）》虽然进一步细化了五种社会危险性条件，列举了 19 中具有社会危险性的情形，但不可否认社会危险性具有主观性、盖然性、动态性的特征，对其判断主要依赖于裁判者的经验法则，导致逮捕标准存在主观性和不统一性的问题。

为解决“同案不同捕”、逮捕权滥用或不当使用的问题，笔者建议参照法院量刑规范化改革，建立社会危险性定量评估机制，对社会危险性条件细化量化，通过定量方法及数据反映犯罪嫌疑人、被告人的社会危险性大小，从而最大限度减少检察官的自由裁量空间，规范检察官的逮捕权，防止滥用逮捕权或该捕不捕，同时也实现逮捕权行使的统一性、规范性。建立社会危险性定量评估机制的具体做法是将社会危险性的各项指标进一步细化后分别赋值量化，每个犯罪嫌疑人形成一份《社会危险性定量评估表》，根据公开听证或多方审查的结果将具体案件中犯罪嫌疑人的社会危险性数值进行填录及加减计算，最后与事先确定的风险等级（高、中、低三档）进行比对，确定犯罪嫌疑人的社会危险性指数处于的风险等级,从而作出捕与不捕的决定。这种相对模式化的量化评估模式更具可操作性,虽然这种方式得出的结论并非完全精准,但通过量化分析而得出的数据,比办案人员基于主观判断作出的决定更具有客观性和规范性。

建立社会危险性定量评估机制在现行司法实践中具有可行性:

1. 从政策层面看,符合人权保障与宽严相济刑事政策的要求。通过量化评估犯罪嫌疑人的人身危险性、影响诉讼可能性等因素,既能筛选出社会危险性高需要逮捕的犯罪嫌疑人,也能筛选出社会危险性低无须逮捕的犯罪嫌疑人,从而实现"少捕、慎捕"的政策倾向,落实宽严相济的刑事政策。

2. 从法律规定层面看,与现有法规规定的精神一脉相承。2016 年最高人民检察院《关于贯彻执行〈人民检察院办理羁押必要性审查案件规定(试行)〉的指导意见》第 22 条规定:"评估犯罪嫌疑人、被告人有无继续羁押必要性可以采取量化方式,设置加分项目、减分项目、否决项目等具体标准。犯罪嫌疑人、被告人的得分情况可以作为综合评估的参考。"量化评估羁押必要性也为量化评估逮捕必要性司法机制提供了法规层面的参考。

3. 从技术层面看,社会危险性是可以量化和评估的。例如累犯、惯犯,显示其再犯的可能性较大,社会危险性较大,量化时可以通过设置正值(如 +20 分)表示。而对于犯罪中止、防卫过当、自首等情节,显示其人身危险性较小,量化时可以通过负值(如 -20 分)表示。

4. 从实践层面看,各地在逮捕必要性量化评估方面积累了不少经验。例如,2012 年山西省太原市人民检察院制定《审查逮捕社会危险性评估参考标准(试行)》,把《刑事诉讼法》第 79 条规定的 5 种社会危险性情形细化为若干个评估标准,并将可能影响逮捕必要性的因素分为共性因素和个性因素,分别确定分值。共性因素包括犯罪嫌疑人的自身情况、社会背景、犯罪状况等,个性因素包括交通肇事、故意伤害等常见犯罪中可能影响逮捕必要性的因素,对共性因素和个性因素综合打分,确定基础分和风险分值,作出逮捕与否的决定。① 又如,2005 年上海市闵行区人民检察院创建了未成年人非羁押措施可行性评估制度、2010 年北京市怀柔区人民检察院开展了对流动人口轻微刑事犯罪不捕的探索等,均是通过设置一定的评估因素,量化统计分值后,判断出犯罪嫌疑人的社会危险性大小,作出逮捕与否的决定。

(四)捕后阶段:建立逮捕复议复核程序及完善的羁押必要性审查机制

1. 建立逮捕复议复核程序。我国现行法律没有规定逮捕后的复议复核程序,到了审查起诉与审判环节也无羁押期限的规定,从逮捕到检察院起诉至法院最长可历时 8.5 个

---

① 参见陈兰、孙寅平:《强化监督 加强协作 提升效能 太原市人民检察院积极探索工作机制办案模式对接修改后刑诉法》,载《中国检察官》2013 年第 1 期。

月,法院一审判决期限最长可历时14个月,审前犯罪嫌疑人的羁押期限太过漫长且危害极大,不利于对犯罪嫌疑人、被告人人权的保护。“在羁押依附于逮捕之下的现状下,审查逮捕呈现出‘一劳永逸’的形态。”[①]无救济则无权利,审查逮捕既然是司法权,就应赋予控辩双方同等的复议复核权利。《刑事诉讼法》规定公安机关认为检察院的不批准逮捕决定有错误的,可以要求复议,如果意见不被接受,可以向上一级人民检察院提请复核,类似于“抗诉”程序。既然公安机关作为控方享有复议复核的权利,犯罪嫌疑人及其辩护人作为辩方也应享受复议复核的机会,类似于“上诉”程序。建议法律规定,犯罪嫌疑人一方就检察机关作出的逮捕决定不服的,可以向作出决定的检察院申请复议,如果维持原决定的,可向上一级人民检察院申请复核,上一级人民检察院作出的决定为终局裁决。一方面赋予犯罪嫌疑人救济权利,另一方面也加强上级检察机关对下级检察机关的监督。当然,对于逮捕复议复核的权利必须在权利义务告知书中告知犯罪嫌疑人。对于逮捕理由应当随批准逮捕决定书一起送达犯罪嫌疑人,以使犯罪嫌疑人明确自己为何被逮捕,从而决定是否提起复议程序。

2. 完善羁押必要性审查机制。捕后犯罪嫌疑人权利救济的重要方式还包括犯罪嫌疑人及其法定代理人、近亲属或辩护律师向检察院提出申请,要求羁押必要性审查或变更强制措施。对于变更强制措施申请,在捕诉合一背景下,出于自我否定的担忧或者保障捕后诉讼进程顺利进行等原因,申请能被办案部门接受的情况不容乐观。2016年《人民检察院办理羁押必要性审查案件规定(试行)》规定,羁押必要性审查由刑事执行检察部门统一办理,因不承担案件捕诉职责,相比于办案部门,刑事执行检察部门对于羁押措施的审查更具有中立性、客观性,也能起到对逮捕措施合法正当与否的内部监督作用。因此,完善羁押必要性审查机制是捕后减少不必要羁押、保障人权的有效措施。

一是优化启动方式。羁押必要性审查的启动方式包括依申请启动和依职权启动两种方式。一方面,由于犯罪嫌疑人一方对该项权利认识不足、律师怠于履行职责等因素,依申请启动羁押必要性审查的数量较少;另一方面,由于刑事执行检察部门人员普遍较少,而每年的逮捕量巨大,人工筛查符合条件的案件耗费大量人力物力,难以获取审查重点,效率较低。因此,必须优化启动审查式:一方面,加强犯罪嫌疑人一方对申请羁押必要性审查权利的知情权,在作出逮捕决定后,刑事执行检察部门应向犯罪嫌疑人及其家属送达捕后权利义务告知书,其中列明申请羁押必要性审查的权利;另一方面,刑事检察部门应与刑执部门形成联动机制,在批准逮捕时将案件中存在的可能启动羁押必要性审查的因素向刑执部门备案,例如老年人、在校学生、防卫过当、从犯等情形,从而使刑执部门主动掌握重点,提高启动审查的有效性。

二是建立复合化的审查方式。对于辩方提供的取保候审申请,可以采用人工化审查

---

① 顾华:《我国检察机关审查逮捕程序的诉讼化问题研究》,载《人民与法(法学版)》2011年第10期。

及信息化审查相结合的复合化审查方式,以提高工作效率。羁押必要性审查的内容,包括审查辩方提交的申请材料、听取多方意见等,纯人工化审查工作量巨大。因此,部分地区对羁押风险制作《羁押必要性审查评估表》,进行分类列举、量化赋分的探索,使得人工化的审查变成一种可量化的评估过程。苏州市检察机关还将羁押必要性审查联手"互联网+",建立了羁押必要性审查辅助评估系统,该系统通过对个人情况、犯罪事实、羁押表现、取保候审条件等影响因素量化分析,评估出犯罪嫌疑人、被告人的社会危害程度及脱管风险,并确定红、橙、绿灯相应风险等级,为是否继续羁押提供科学参考。①人工化与信息化相结合的复合化审查方式可以减轻办案人员的审查压力,提高捕后人权救济机制的效率。

① 参见徐盈雁、张安娜:《羁押必要性审查的"苏州探索"》,载《检察日报》2016 年 6 月 13 日。

中国智慧检务结构性维度研究

杨　力　叶　巍*

摘要：随着中国新一轮司法体制改革以及相应的综合配套改革不断走向深水区，近年来全国检察系统对信息化发展的需求迅猛增长，大数据、人工智能等全新的信息化应用元素与检务工作的融合度日益增强。基于这一背景，全国检察系统既进行统一部署规划，又允许地方容错试点，以点带面，逐步推开从以往电子检务向"智慧检务"的质的跃升。智慧检务建设是全国检察系统深化司法体制综合配套改革中一项具有全局性、战略性、基础性的工程。全面推动智慧检务建设，需要遵循"统筹发展、需求导向、以人为本、融合创新、信息共享"原则，运用科学态度、专业方法和精细标准，完善和落实规范化责任落实机制、高效化内部协作机制、科学化管理审核机制、专业化人才支撑机制、常态化支持保障机制和一体化安全管理机制，加强深化智慧检务的组织保障等结构性维度。

关键词：智慧检务　统筹发展　结构性维度

一、智慧检务建设的前沿与评估

全国不少地方检察系统全力推进信息化与深化司法改革、检察办案、法律监督和行政管理的深度融合，尤其在基础设施、应用系统、数据资源和保障体系建设等方面取得较快进展，实际成效显著。

一方面，根据最高人民检察院的统一规划和部署，部分地区的电子检务工程已初步完成，侦查监督平台创新、网上信访、队伍管理、检委会系统、智慧公诉等高检试点任务持续推进；另一方面，不少地方先后创建了检察对外一门式服务、司法办案场所一体化管

---

* 杨力，法学博士，上海交通大学凯原法学院教授、博士生导师，荷兰鹿特丹伊拉斯姆斯大学法学院访问学者。项目基金：研究阐释党的十九大精神国家社科基金专项课题"深化司法体制综合配套改革研究"（项目编号：18VSJ078）的阶段性成果；叶巍，法学博士，江苏省高级人民法院副庭长，三级高级法官，江苏省审判业务专家，第四届江苏省十大优秀青年法学家。

理、技术类证据网上同步审查、涉罪人员信息随案移送共享、刑事案件智能辅助等一系列融合信息化元素的全新检察工作机制，为推动智慧检务提供了强劲的科技助力。

整体而言，全国不少地方检察机关在智慧检务的着力点上，基本上遵循了以业务为主线，以网络为基础，以需求为主导，以安全、运维、人才为保障，着力于以深化以大数据和人工智能为深化重点的智慧检务建设"渐进式"格局，并取得了初步成效。主要表现为：(1)基础设施上，不少地区形成了以检察内网、检察工作网、政务网、互联网为纽带，网内互联互通、类型较为齐全的网络基础平台；检察工作网和政务网已成为检察机关与其他部门数据共享和业务协同的重要渠道；互联网接入及服务设施支撑检察机关直接面对人民群众的服务内容。(2)数据资源上，以案件信息为主体，部分地区已经实现了检察大数据的集中管理，初步形成与公安、法院等部门的数据共享机制；相关数据正在进行结构化处理，高效案件信息资源库的建设粗具规模；初步开展了若干领域的检察数据专题专项分析，激活了基于业务规则与机器规则之间的数据挖掘与处理。(3)各类应用上，许多检察业务应用系统已上线并投入使用，直接为诉讼办案、法律监督和检务管理的提质增效提供支持；以覆盖核心业务流程的办公应用为核心，实现检察信息化更多延伸拓展，检务公开和司法为民应用不断丰富；不少应用和服务贯通各级检察机关，已局部实现与外部单位的业务协同。(4)保障体系上，不少地区的智慧检务建设强调以安全稳定运行为目标，建设安全服务平台，深化三网协同机制，提升基础设施关键设备的安全可靠水平；等级保护和分级保护工作有序开展，实行数据分级分类管理，加强访问权限控制，做到全员应用，分级授权；配套建设的运维保障体系初步建成，智慧检务长线发展所依赖的大数据与检务复合型人才队伍组织保障体系粗具雏形。

尽管如此，深化智慧检务建设的提升空间和压力依然很大。全面和深度实现信息技术与全过程检务工作的融合度，重点在于智慧检务如何为各项检察工作客观上形成更为有效、更为泛在的信息化乃至进一步智慧化提供支撑。支撑的要点主要集中在五个方面：(1)进一步完善智慧检务的顶层设计和总体执行方案。亟待构建起新一代智能检察管理模式，让更为深度的智慧检务更多运用于检察系统的诸多方面，提升检察机关现代化水平；在此基础上上，更为全面梳理符合现代检察办案特点的重大核心问题，对于关键信息技术研究组织重大攻关；此外，还需要全方位完善信息的资源融合、共享交换、安全服务、辅助决策、服务支撑体系。(2)加速培育更多基于检察职能定位的智慧检务新增长点。随着新一轮司改检察机关优化职权配置的重新定位，以及深化检察司法体制的综合配套改革，亟待顺应检察职能转变和及时跟进信息化和智慧化应用，尤其是对"重建设、轻应用"的现象，要提出切实有效的扭转措施。比如，设计刑事办案智能辅助系统、加强民行监督和控申职权、构建刑事执行监督平台、强化公益诉讼职能、转变技术鉴定部门定位等检察工作新增长点。(3)配套建立信息技术标准和成效评估机制。标准是智慧检务可复制和推广的技术实现关键，目前覆盖检察主要业务领域的信息化建设技术标准亟待进一步优化和完善，同时，检察机关在信息化、智慧化办案应用和统筹管理方面的成效评估体系，也应当尽快建立和优化。(4)关注横向之间融贯检察信息化的各类应用和系统。检务办公办案等内部应用系统仍待实现流程整合和信息集成，检务公开和司法服务等对外服务系统要尽快设立统一入口，避免过度分散建设导致的服务整合性差，检察机关内部应用系统与对外服务系统之间的高效协同也有待进一步加强。(5)同步快速提升检察数据管理和智能服务的水平。已经集中的案件大数据结构性水平与质量要继续大幅度提升；与其他单位之间、不同网系之间的授权数据共享交换体系要进一步打通和建立；大数据服务与业务系统等应用的无缝集成要尽快实现；全方位的大数据智能分析服务水平亟待快速提高。

二、智慧检务发展的正本清源

新一轮的司法体制改革及相应的综合配套改革，已使得全国智慧检务的跨越式和可持续发展既获得了极为难得的历史机遇，又面临着前所未有的巨大挑战。

智慧检务结构性的定位可以分为“向外看”和“向内看”两个侧面。基于“向外看”，智慧检务建设的根本目标，首当其冲的便是检察如何更好地满足群众的多元化需求。比如，充分利用数据和智能技术，创新检务公开平台，畅通人民群众参与、监督检察工作的渠道；建立更加便捷的沟通渠道，并为检察公信力测评提供数据支持，更好地接受社会各界的监督；整合接访数据，推动涉访涉诉信访案件的信息共享，智能辅助生成涉访涉诉信访案件的应对策略。在此基础上，智慧检务无疑必须进一步提升检察业务质效。其重点是逐步实现智慧公诉、远程提审、抓取法律法规和类似案例、自动生成审查报告和法律文书等，提供更高效的智能决策辅助手段。推动智慧民刑，以案件偏离度分析、交叉大数据组比对分析等，深度挖掘和发现民事和行政案件事后监督，以及公益诉讼事中监督的有效案件线索。建立智慧控申，以网上信访信息平台为核心，建立涉法涉诉信访案件信息共享，采集上访人真实身份信息以及指纹信息，通过身份数据库比对，做到真实上访和有效上访，同时生成上访数据库。打造智慧执检，建立在押人员诉讼期限监督预警系统，以及建立数学分析模型，实现刑罚变更执行监督、羁押必要性审查评估辅助建议，实现对社区矫正人员脱管漏管行为及时发现，实现财产刑事执行案件的有效监督等。

基于“向内看”，智慧检务的程度直接决定了司法责任制的实现程度，以及检务管理的科学性。智慧型的司法责任制实现包括，为案件管理提供更有效的风险识别和案件偏离度预警系统；全面实现网上办理，做到案件管理全程留痕和实时动态监控；满足检察办案人员外出办案的实际需要；推进检务档案网上统一调阅和移送，大幅提升检务档案管理水平；更多维度地分析检察机关工作的运行态势、特点和规律，为社会治理和经济社会发展提供更多立法建议和司法建议。同时，大幅提高检务管理的科学性，覆盖推进资源库建设，将检察机关各类内外部的结构化数据、文档、音视频等数据进行汇聚，构建标准统一、数据精准、管理规范的数据资源池;建立信息化的日常办公申请、项目管理、车辆管理、资产管理等制度,提高信息化综合管理水平;通过建设协同信息化办公指挥中心,实现数据可视化和音视频数据融合,实现全景式应急指挥与调度。

智慧检务建设为了实现以上的应然之义,逻辑上突破的第一步就是“融合各类数据资源”。也就是根据必要性和可行性,融合和充实检察系统内外的各类数据资源,完善检察机关数据集中管理的综合服务平台功能,充分实现数据融合,为检察机关信息化建设转型升级提供基础性支撑,提升数据资源的服务能力。要义在于:(1)拓展司法检务信息资源库,实现数据深度融合。扩展司法检务信息资源库,汇集检察机关司法人事、司法政务、司法研究、信息化管理等数据,引入外单位数据和国家基础信息资源库,实现司法信息资源全覆盖。(2)加强信息资源管理,实现数据融合。建立数据管理和服务平台,提升共享交换能力。加强数据质量管理,提高数据的结构化水平,提升数据的挖掘、处理、分析和应用能力;完善统一共享交换机制,实现内部各应用系统之间、与各检察机关以及与外部单位之间的数据共享交换。(3)提升智能化服务水平,实现与应用的无缝集成。提供全面、及时、准确、动态的智能服务,并实现与检务公开、检务服务和司法管理等应用的无缝集成。

攻坚克难的第二步,在于进一步驱动“智慧应用的高效整合”。智慧检务信息化的动力源泉是促进业务应用和资源服务能力的跃升。因此,需要深化推动各类应用的不断完善和整合,构建起“应用集成”的综合管理平台,形成全面支持检察各类业务的信息化应用。具体辐射向三个方面:一是为人民群众提供检务公开和检务服务的一体化系统。改造检务公开平台,完善信息查询、案件关联等功能;融合内外网业务应用,构建全流程检务服务平台,为人民群众提供全流程检务服务;整合政务网站,丰富新媒体和移动应用,建立更加便捷的沟通渠道。二是为检察机关各类人员提供方便和快捷的一站式应用。以用户为中心实现一次登录、流程贯通、信息集成的综合业务应用系统,满足司法体制改革对检务的相关要求,实现检务管理业务全覆盖;满足移动办公办案、涉密办公办案以及与法院、公安等部门业务协作的实际需要。三是为全国检察机关提供贯通的统一综合管理平台。以省一级统筹为突破口,建设贯通各级检察机关的专网门户网站,集成业务应用,扩充完善相关业务应用功能,实现信息上传下达和横向交互,支撑上下级检察机关的业务协作和统一管理;建设音视频统一管理和调度系统,实现检察机关的庭审、信访、立案窗口等音视频统一调度。

不可或缺的第三步,是加强和健全安全保障、运维保障和人才队伍保障,尤其是探索新型的信息化和智慧化保障体系新模式。根据检务建设现状,首先要建设网间安全交换和统一身份认证体系。对检察机关信息化安全保障工作进行统一规划,制订人民检察院信息系统安全保障总体方案,指导各级检察机关的安全保障建设;建设检察机关统一身份认证体系,整合各类应用系统的认证方式,规范用户认证过程;有效推进检察机关等级保护和分级保护等信息安全保障工作。其次，要建设质效型的可视化运维平台保障体系。通过可视化运维平台，实现信息系统动态监控、故障预防和效能评估；建立信息系统应急处理中心，通过统一的服务入口接收和处理应急服务请求，保障上下级贯通应用的有效运行；从运维组织、运维管控、运维过程、运维资源保障等方面构建质效型运维管理体系，全面提升信息化运行质效。此外，还要督导和落实检察信息化人才的队伍培养。建立科学的信息化专业人才分类体系，建立人才培养良性机制，加强各级检察机关信息化人才队伍建设。

三、智慧检务的“渐进式”目标与模式

根据最高人民检察院下发的《“十三五”时期科技强检规划纲要》和《检察大数据行动指南（2017—2020 年）》的总体要求，中国的智慧检务建设应精确把握新时代法治发展要求，牢固树立发展新理念，积极适应以大数据和人工智能推动经济社会发展、完善社会治理的大趋势，重点聚焦于检察改革新形势和新要求，坚持科技引领、信息支撑，全面推进现代科技与检察工作深度融合，促进检察工作提质增效，更好地维护司法公正、提升司法能力、强化检察监督、规范检察行为、深化检务公开，实现检察工作的与时俱进和创新发展。

根据这一指导思想，新时代的智慧检务建设就是围绕检察机关办案，适应检察改革新要求，将“全面透彻感知、安全高效传输、知识支撑服务、新型智能应用、科学高效管理”的智慧化发展理念与检察工作和改革的实际需求相结合，向科技要检力，向信息化要战斗力，依托科技进步推动检察工作方式和管理模式创新。

具体而言，就是通过理论体系、规划体系和应用体系的三大体系建设，形成“全业务智慧办案、全要素智慧管理、全方位智慧服务、全领域智慧支撑”的智慧检务整体框架。根据这一发展目标，可以分两步走：第一步是充分运用新一代信息技术，推进部分地区的检察工作由信息化向智能化跃升，全部研发完成智慧检务的所有重点应用；第二步是全面实现智慧检务的发展目标，打造新型检察工作方式和管理方式，构建起智慧检务“四梁八柱”的应用生态，全面实现数字化、网络化、应用化、智能化。

接下来，跨越式推动上述智慧检务中长远战略实现的模式，既要有“引领”，又要有“示范”。“引领”的关键在于，构建起“研、建、用、管、评”良性发展的生态环境，提升智慧检务建设的软实力。科研环节，要解决检察信息化研究不足。精准针对提升检察主要业务能力的核心信息化技术，主导开展预先研究和重大技术攻关，用科研成果为信息化建设提供不竭源泉，为智慧检务快速发展提供强有力的支撑。建设环节，要健全检察信息化标准体系。立足于国家标准，整合、修订现有检察机关的各种信息化标准，形成与智慧检务建设需求相适应的检察信息化标准体系，用标准性规范为信息化建设提供技术遵循，从技术上规范指导检察机关的智慧建设。应用环节，要用配套提升信息应用水平。

可以抽调各级检察机关的骨干力量进行集中培训和重点应用攻关，以轮训等方式不断提高检察官和工作人员的信息化应用水平，统筹规划并建立对检察机关信息化成果的宣传，提高人民群众的认知度和满意度。管理环节，要强化信息化管理系统机制。用信息化手段管理信息化建设过程，建立覆盖信息化建设和应用主要业务领域、工作过程和资产要素的管理机制和信息系统，规范检察机关信息化建设过程，为检察机关建立信息化综合管理机制提供示范和指南。评估环节，要建立科学的评估指标体系。需要建成覆盖检察机关的信息化建设应用成效评价指标体系和支撑系统，建立评估、通报和改进机制，实现评估的定量化、可视化、可考核，进一步促进信息化应用成效的持续提升，为检察机关信息化建设的良性循环提供内在动力。

“示范”的实现逻辑，核心是结合检察主要业务特点，率先开展云计算、下一代网络等新技术的应用与实践，构建检察机关新型的信息基础环境，为检察信息化高效建设和有序发展提供有力支持。其中的关键是“优化云建设基础”。其一，以“三朵云”示范新型信息基础设施建设模式。不断优化检察机关层级网系，建设检察机关的专有云、开放云和涉密云，完善音视频等配套设施，满足服务人民群众、检务管理和司法管理等各类业务快速增长的需求。其二，以检察专网为重点构建专有云。建设光传输网络，提高专网网络功能性能，支持业务灵活部署，满足各类数据和音视频应用需求；建设数据中心和标准化机房，实现集约化管理，提升 IT 资源利用效率；完善音视频综合管理调度基础设施，管理检察机关各种业务视频的接入和展现；建设移动专网，为检察机关外出移动业务提供支撑；拓展和完善外部专网连接，为部门之间信息交换、信息共享和业务协同提供支撑；建设网间交换系统，为检察专网与其他网系之间的安全数据交换提供支撑。其三，可以租用社会化服务构建开放云。针对互联网应用对计算、存储、网络等资源提出的更高要求，利用社会资源，通过租用互联网公有云构建上海检察机关开放云，实现业务灵活开展、资源弹性伸缩、成本按需可控、系统稳定运行，全面提升互联网应用服务支持能力。其四，以涉密内网为基础构建涉密云。根据国家电子政务内网政策要求，在安全保障允许的情况下，建设涉密云。

四、智慧检务跃升实现的结构性维度

智慧检务的目标实现，既是以往检察信息化的延伸，又是较之以往信息化之上的内容、功能、技术和定位等诸多方面的大幅跃升，它有赖于系统集成的以下结构性维度的全面协同发展。

（一）制定总体规划和标准体系

全国和各省都需要因地制宜地制订并逐年修订智慧发展规划和总体技术方案，建立健全技术标准体系和评价指标体系，实施科技创新工程，健全管理机制，推动各级检察机关信息化和智慧化建设的协同发展。

1. 设计智慧检务建设总体技术方案。对全国和各省检察院智慧检务建设进行总体技术架构设计和方案论证，主要是制定系统建设、保障体系和应用成效提升方案，支撑系统研发、数据管理和资源服务等建设工作，通过一体化设计指导系统的贯通融合以及新技术、新模式的应用。

2. 健全检察机关信息化标准体系。建立健全检察机关信息化标准体系，编制包括数据、应用、安全、基础设施、运维五个领域的技术标准规范。

3. 建立检察机关信息化评价体系。建立检察机关信息化评价指标体系，编制确立建设、应用、服务、管理、保障、成效六个方面的评价指标。

（二）建设数据管理和智能服务体系

1. 以案件信息全覆盖为基础，完善各级检务信息资源库。在案件信息全覆盖的基础上，将数据集中范围扩展至司法人事、信息化管理、司法政务、司法研究数据，按需扩充外部相关数据，集成检察基础信息资源库，实现数据全面覆盖；面向司法业务主题，构建检务管理、检务服务、人事工作等主题数据库；通过数据整合与集成，建立数据关联，实现“案件、人员、财物、外部”数据一体化。

2. 以数据集中管理平台为基础，构建数据管理服务平台。加强数据质量管理，建立各级检察机关的数据互信机制，提高数据的一致性和有效性，确保数据的准确性；建设数据共享交换系统，加强信息资源目录和服务目录管理，实现内部各应用系统之间、各级检察机关及外协单位之间的数据共享交换；建设大数据分析系统，以提升大数据分析与业务的贴合度为重点，利用大数据分析和可视化手段，对检务信息资源库中的数据进行挖掘、分析和展现，利用多维分析、关联分析、聚类分析和趋势预测等大数据分析技术实现各类智能服务。

3. 以决策支持为重点，开发与应用无缝集成的智能服务。开发检务公开和检务服务智能服务，实现检务服务效果分析、当事人信用、律师评价、信访咨询等功能；开发决策支持和监控预警智能服务，实现智能辅助办案、检务智能决策、风险自动识别预警和视频智能分析等功能；开发司法研究和工作评估智能服务，实现司法统计分析、司法研究与指导、人员选拔评价、工作量智能评估、信息化成效评估等功能，为开展司法研究、司法决策、司法管理提供科学依据，并为党中央、国务院、其他政务部门和社会公众提供更多更有价值的司法服务，为参与社会治理、促进经济社会发展提供决策服务。

（三）设施集约化的信息基础环境建设

1. 以云计算和下一代网络为支撑，构建全要素集约化信息基础设施。利用云计算、大数据和下一代网络等技术基于检察专网、移动专网、外部专网、互联网和涉密内网，构建检察系统的专有云、开放云和涉密云，提升各类基础设施配置水平，构建全要素集约化信息基础设施。

2. 以建设专有云为重点，升级完善各地的检察专网。扩充检察一级专网的链路带宽;提升办公区网络性能,实现双设备冗余备份、双链路连接,并按需扩展网络带宽;基于检察专网、移动专网和外部专网建设专有云,建设数据中心并优化 IT 资源配置,利用虚拟化技术实现计算和存储的灵活扩展、动态调配,部署统一的云管理平台,提高各类信息基础设施资源的利用能力。

3. 以建设音视频综合管理调度平台为重点,提升视频业务服务能力。建设音视频综合管理调度平台的硬件支撑系统,实现各级检察机关的视频联网;按需完成视频会议、远程提讯、远程接访和安保监控设备的标清到高清改造;庭审音视频纳入音视频综合管理调度,建设庭审音视频智能评查系统;建设检委会会议室等重要场所的数字化会议系统;完善检务服务大厅建设,建设访客登记自助服务系统等配套设施,支撑线上线下“一体化”检务服务。

4. 以安全交换和移动便捷为重点,建设移动专网。按需配置安全终端,实现移动终端的安全接入,建设移动应用支撑平台,通过网间数据交换平台实现移动专网与检察专网间的安全隔离交换,支撑检察机关移动办公办案等业务运行。

5. 以与外部相关单位信息共享和业务协同为目标,完善外部专网。进一步完善外部专网建设,按需采用专线、电子政务内网、电子政务外网、互联网等多种接入方式,扩充与政法、征信、信访、电信、电子商务等外部相关部门的接入范围,为部门间信息交换、信息共享和业务协同提供支撑。

6. 以开放云为主体,提高互联网服务能力。采用购买服务的方式,建设符合安全要求的开放云,提升互联网应用服务水平和系统承载能力;建设办公区的统一互联网出口,并扩展出口带宽;完善身份认证、权限管理等安全措施,实现有线和无线互联网的全面覆盖和无缝融合。

7. 以完善涉密内网为基础,建设涉密云。完善涉密内网建设,部署计算、存储等设施,建成连通各办公区的涉密网络,根据国家电子政务内网建设要求,接入中央电子政务网络平台(节点),支持广域接入。根据国家电子政务内网“政务云服务”建设要求,创新计算、存储、使用模式,建立云服务。

8. 以检察系统的专网为核心,建设网间交换系统。建设非涉密隔离交换系统,支持检察专网与互联网、外部专网、移动专网之间的数据交换;建设涉密隔离交换系统,支持检察专网与涉密内网之间的数据交换。

(四)深度研发检察主要业务的应用

1. 以 206 工程为起点,重点加强智慧公诉的应用研发。基于中央政法委“206”工程的前期研发基础,进一步研发若干重点刑事案由模型和智能识别支撑系统,做到对案件卷宗的证据、事实进行自动识别分析,为检察官自动生成事实、证据分类等提供证据审查指引和分析指引。根据各文书模板内容,抽取目标内容,自动生成各类法律及工作文书。加强刑事案件的辅助智能化建设,通过对于统一业务应用系统、电子卷宗等系统的数据挖掘，形成符合实际业务的案件知识库；通过“量刑建议”“类案推送”等扩展应用，使业务系统主动、智能地为业务承办人推送案件办理信息及量刑建议；通过数字化证据的分析与定义，结合相关法律法规为案件的办理与量刑提供可靠、安全的辅助办案手段。

2. 围绕检察功能的定位，不断强化智慧民行监督的应用研发。重点开发比较常见的民行案件裁判偏离度分析系统，针对民事案件和行政案件的生效裁判，出现一旦明显偏离于以往同类案件的，提出预警符号和标识；打通检察数据与其他部门的数据门槛，通过异质性大数据组间对比，挖掘和分析公益诉讼的潜在案件线索。

3. 关注智慧刑事执检的应用研发。设计和研发在押人员诉讼期限监督预警系统，社区矫正人员“电子手铐”监控系统、羁押必要性审查辅助决策系统、减刑假释智能辅助决策系统、财产刑事执行信息查询系统等。

4. 关注智慧控申的应用研发。按照来信、来访、网络、电话几类信访形式来重组信访登记模块，采取和比对数据，生成上访数据库；上下级检察院之间信访信息互通，形成检察机关贯通合力解决群众信访的一体化格局；形成控申工作信息流，自动同步到统一业务应用软件中；根据业务需求，形成可量化的接访智能统计。

（五）构建内外贯通的业务应用平台

1. 以一体化服务为目标，建设检察机关检务公开和为民服务平台。建设检察机关一体化检务公开和为民服务平台，融合内部应用系统，提供统一的对外公开和服务窗口；拓展检务服务功能，为检务参与人提供网上缴费、证据交换、提交法律意见、阅卷、开庭、送达、拍卖、调解等服务，实现收集用户建议与问题反馈功能，支持智慧检务短信统一管理和交互，实现全业务、全流程的网上检务；拓展检务公开功能，提供电子证据、电子卷宗、庭审音视频等实体信息公开和信息自动关联，实现各类检务管理要素全面遵规公开；加强热点案件报道、大检察官留言、院长信箱、监督举报、沟通联络、检察官培训等政务网站栏目建设，同步开展司法宣传和检察官培训，充分运用微信、手机 APP 等技术手段，拓展检务公开和为民服务渠道。

2. 以办公办案为核心，融合各类业务应用，建设综合业务平台。建设综合业务平台，整合检务管理、检务支撑、司法人事、司法政务等应用系统，支持人、案、物信息自动关联，实现以用户为中心的流程全贯通、业务全覆盖；完善办案系统，提供以案件为中心的案例参考、量刑规范、舆情分析等检务支持功能，实现案件评查自动化，提升检务质效；完善办公系统，融合电子公文交换，拓展司法管理功能，全面覆盖综合行政、电子卷宗、司法研究、信息化等各类司法管理业务。

3. 以信息安全为前提，建设移动办公办案平台。建设移动办公办案平台，实现移动端办案、办公、办会，实现文书制作、远程电子签章、远程合议等功能，覆盖非涉密业务主要环节，在确保信息安全的前提下，实现干警随时随地开展业务办理。

4. 以贯通各级检察机关应用需求为牵引，建设检察机关业务和信息服务平台。整合检察专网的网站信息，实现信息发布、业务交流、应用系统管理等功能，提供知识库、法律法规库、案例库等专业资源库服务；完善信访管理系统，贯通各级检察机关涉诉信访业务；完善检察机关人事管理系统，融合人事、案件、政务信息，实现检察机关人员工作动态管理和全方位监督评价；建设检察机关教育培训平台，实现检察机关人员线上培训学习功能；建设检察机关检务档案管理系统，实现检察机关检务档案的共享和调阅；完善检察机关纪检督查系统，实现检察机关纪检监察业务的全覆盖。

5. 以各类音视频信息统一调度为重点，建设检察机关音视频综合管理调度平台。建设音视频综合管理调度平台的应用系统，与各级检察机关音视频综合管理调度平台对接，实现对检察机关远程庭审、远程提讯、远程接访、立案窗口接待等音视频的统一调度、展现和检索等功能。

6. 以业务协作和信息共享为重点，建设检察机关对外业务协同平台。实现与法院、公安、司法行政、信访等部门的信息共享和业务协同。

（六）加强科技创新和综合管理

1. 实施检察机关信息化创新工程。推动实施检察机关信息化科技创新工程，开展核心技术预先研究、关键技术试验攻关，建立检察机关信息技术开发试验平台。

2. 健全检察信息化综合管理机制。健全信息化经费预算、评估采购、项目建设、项目监理、项目验收、资产管理、知识产权、运行维护、绩效考评等方面的管理制度，提高信息化项目的投资效益和建设效能。

（七）建立应用成效评估和改进机制

1. 建立司法为民应用成效评估和改进机制。建设司法为民应用成效评估系统，检察机关司法为民服务应利用该系统的满意度调查、投诉建议等功能，采集人民群众、律师、当事人等用户的使用行为信息，并进行统计分析评估；利用应用成效评价指标体系和评估系统，建立司法为民应用成效评估和改进机制，推动司法为民应用的持续、优化改进。

2. 建立办公办案应用成效评估和改进机制。建设办公办案应用成效评估系统，采集相关应用平台提供的应用使用率、方便快捷度、用户满意度等信息，采集运维平台提供的运行质效数据，综合用户线下反馈信息，形成办公办案应用成效的评估结果；利用应用成效评价指标体系和评估系统，建立办公办案应用成效评估和改进机制，推动办公办案应用的持续优化改进。

（八）建立宣传推广和培训考核体系

1. 建立信息化应用推广宣传体系。提高人民群众对信息化应用的认知度，协调政务网站、检察专网、检务公开服务平台、微博、微信、手机电视等新媒体发布渠道，构建统一推广宣传平台；建立多渠道统筹的信息化应用推广宣传体系，整合新媒体、平面媒体等各类资源，有计划、分类分层次地向社会公众、律师、检察机关队伍等进行应用公告发布、应用案例介绍和应用成果报告等推广宣传。

2. 建立信息化应用培训管理机制。提升检察机关人员对信息化应用的满意度，整合应用培训资源，建设应用培训管理平台，通过对应用培训组织、过程、结果的综合管理，规范应用培训流程，提升检察机关队伍的系统使用水平；建立信息系统集中培训与日常学习相结合、技术培训与业务培训相结合的管理制度，通过应用培训管理平台跟踪培训效果，形成新型信息化应用培训管理机制。

（九）构建全方位和规范化的信息化保障体系

1. 编制检察机关信息系统安全保障总体方案。以总体方案实现对各级检察机关安全保障建设的有效指导，明确非涉密重要信息系统的保障方案和涉密信息系统的建设和管理方案，建立检察机关的年度信息安全检查机制。

2. 建设检察机关业务系统统一身份认证体系。制定检察业务系统统一身份认证技术规范和建设要求，指导各级检察机关进行辖区检察业务系统统一身份认证体系建设；结合检察业务系统统一认证需求开发并部署检察业务系统统一身份认证融合平台，配置认证和密钥管理服务设施；与检察人事系统对接，与业务系统各类认证方式集成，为各级检察机关接入统一身份认证体系提供示范。

3. 健全完善质效型运维管理体系。从运维组织、运维管控、运维过程、运维资源四个方面建立质效型运维管理体系，覆盖基础设施、应用系统、数据系统和安全系统等各业务系统，为应用成效评估系统提供运维数据，促进信息系统运行质效提升。

4. 建设信息系统应急处理中心。建设信息系统应急处理中心，面向基础设施、应用系统、数据资源突发性、大规模和大范围故障，以及黑客入侵、大面积病毒发作等突发事件，通过统一应急处理服务入口接收应急报告，提供应急预案、预测预警、应急资源保障和应急处置等功能，并实现与各级检察机关应急处理平台的对接与应急联动。

5. 建设检察机关可视化运维平台。建设可视化运维平台，汇集基础设施、应用系统、数据系统和安全系统的运维数据，实现下级检察机关可视化运维平台接入，并进行可视化综合展示；基于运维数据进行运行质效统计分析，为运维决策提供支撑，并为应用成效评估系统提供数据支持。

6. 加强人才队伍体系建设。建立专业人才分类体系，进一步完善专业技术人员晋级晋升通道；根据检察机关信息化建设对检察信息化人才队伍的要求，配齐配强各类专业人员，提高检察机关整体人才队伍的信息化综合素质。

乡镇检察室发展考证

——以张家港市人民检察院乡镇检察室为范本

闫振东*

摘要:乡镇检察室作为检察机关履行检察职责的机构,其发展历程曲折复杂,牵涉到相关法律文件、会议纪要、领导讲话精神、工作实例等,由最初的轰轰烈烈到偃旗息鼓,再到后来的重整旗鼓。检察室的每一步发展变化,都与时代背景、检察工作整体发展等密切相关。对乡镇检察室的考察,应当兼顾历史和检察机关职能等综合因素,准确定位乡镇检察室的职能及发展方向和思路。

关键词:乡镇检察室　发展历程　职能定位

一、乡镇检察室历史发展

乡镇检察室发展阶段大致可以概括为自发运行期、重点发展期、严格控制期、重新探索期等几个阶段。每个阶段表现出不同的特征,大量的论述多拘泥于总结其中的表面现象,如严格控制期中提到撤销税务检察室、暂不新设派驻乡镇检察室,而历史留下的相关文献有限,没有直接的文字表述①。笔者以江苏省张家港市乡镇检察室的发展为例,结合相关历史资料,对照有关理论文章,力图发现乡镇检察室发展的脉络和其设立背后的复杂因素。

(一)综合概述

1. 历史渊源。乡镇检察室的概念,最初出现在 1993 年《人民检察院乡(镇)检察室工

---

* 闫振东,江苏省张家港市人民检察院检察官。

① 参照佘爱平、乔羽:《鄂尔多斯市基层检察室建设现状和问题研究》,载《人民检察》2013 年第 4 期;曹志瑜:《"乡镇检察室"的立体解构与回溯性发展研究》,载《青岛农业大学学报(社会科学版)》2009 年第 21 卷第 3 期;邵长生:《重构乡镇检察室》,载《人民检察》2009 年第 2 期;蒋毅:《新时期乡镇检察室的设置意义及职能探析》,载《重庆文理学院学报(社会科学版)》2010 年第 29 卷第 6 期。

作条例》中,“乡(镇)检察室是县(市)、市辖区人民检察院派驻乡(镇)的工作机构”,明确了其受理举报、控告和申诉,自侦案件调查,监督监外执行人员,法制宣传、办理检察长交办工作等五项职责。1998年最高人民检察院发出通知进行严格控制后,2001年3月中央编制委员会《地方各级人民检察院机构改革意见》明确规定“要合理调整乡镇检察室的布局,作用不大的,予以撤销,确需设置的,由省级人民检察院批准,报最高检备案”。自此以后,乡镇检察室在各地呈现不同的发展状态,有的名存实亡。

2. 新的内涵。2006年中央部署开展社会主义新农村建设,检察机关基于探索服务新农村建设的需要,乡镇检察室逐渐复苏。最高人民检察院《关于进一步加强和规范检察机关延伸法律监督触角促进检力下沉工作的指导意见》提出“边探索、边总结、边规范、边完善,切实做到积极探索、加强规范、不断推进”,列举出检力下沉的七大职能,包括接收举报、控告,接待来访,发现受理职务犯罪线索,开展职务犯罪预防,开展诉讼监督,化解社会矛盾,监督配合社区矫正工作等。乡镇检察室逐步演变为基层检察机关在乡、镇、街道设置的工作机构,是检察机关联系基层群众、服务公共生活的窗口,也是检察机关延伸业务领域、拓展职能范围的平台。

3. 比较探析。虽然1993年《人民检察院乡(镇)检察室工作条例》仍然有效,其作为检察室唯一的最高层阶法律渊源,地位不容否认。但经过20余年的发展变化,检察室面临的环境已经有了很大的不同,其内涵和职能应该更加明确。检察室定义的第一个要素应当是检察机关的工作机构,一旦确定下来工作性质便会产生相应的职能,实践中提出了检察室是服务窗口和拓展平台的定位。检察室服务于基层,服务的方式方法在于权力的行使和发挥。检察室职能来源于检察院法律监督权力的授予,由于法律监督权的复杂性,何种权力能够由检察室行使,需要进一步深入考证。

(二)张家港院检察室的发展概况

作为在全国经济发展领头区域的基层检察院,张家港院的检察室工作随着经济社会的发展变化而有所变化。1988年经市编委同意,税务检察室成立,为股级单位,分别由检察院、税务局选派人员组成,设主任1名、副主任3名,共有4名人员,于1997年8月撤销。1988年8月建立港区检察室,由主任1名、副主任3名组成,于1997年撤销。1994年经省检察院批准,同意在杨舍、塘桥、锦丰、后塍四个重点镇设立派出检察室,大致在1996年年初开始正常工作,后均被撤销。2013年重新成立金港镇(保税区)、塘桥镇检察室筹备处、危险驾驶案件一站式办案综治中心检察室,目前正在对检察室的职能定位进行着有益尝试探索。

(三)背景因素解析

张家港市的经济发展具有一定的典型性,在全国基层县区中一直位居前列。作为上层建筑范畴的检察组织设置与经济基础密不可分,因此从表象上看,检察室工作和全国工作大的氛围密不可分,但从具体实证考察,乡镇检察室的设立背后有着深层次的原因。

一是经济因素。1986 年全民所有制企业改革启动,鼓励租赁承包经营,相关制度还不完备,由此产生税务缴纳上的混乱。在经济发达地区更为明显,检察机关承担了相关案件的侦查职能,设立税务检察室、港区检察室顺应了发展的需要。1992 年邓小平方谈后,具有国有或集体经济性质的乡镇企业进入蓬勃发展期,且处于关键发展阶段,检察工作更需要服务中心大局,于是检察室的成立便进一步顺应了经济需求。随着市场经济的发展完善,企业改制逐步完成,经济独立运行不再需要公权力的干预,税务检察室和乡镇检察室完成了这一阶段的历史使命。

二是法律因素。法律的发展变化和经济相互交织牵连,但又具有一定的独立性,检察室工作的繁荣与平庸离不开整体检察职能的变化。1979 年刑事诉讼法赋予了检察机关自侦案件的范围,如带有经济性质的重大责任事故案、偷税抗税案、假冒商标案、盗伐滥伐森林案等由检察机关进行侦查,这些侦查权的行使具有更直接的服务功能,需要检察机关深入基层一线开展调查,所以检察室的职能主要以此类职能为主。随着刑事诉讼法的修订,相关经济犯罪的侦查职能取消,检察院的经济检察科也相应改为反贪污贿赂局。在法律赋予职能变化的情况下,由于没有寻找到更佳的工作方式,大多检察室处于无事可为的状态,收缩或撤销也成为发展的必然。

二、乡镇检察室必要性求证

有观点把乡镇检察室的发展概括为"一哄而上"和"因噎废食"[①],从一个侧面反映了其发展的盲目。无论是 1998 年最高人民检察院(以下简称高检院)发出的通知,还是 2001 年中央机构编制委员会下发的文件,均未对乡镇检察室要求全面撤销。造成目前工作局面的原因,更主要的原因在于检察机关自身对检察室工作职能认识的模糊。因此,对乡镇检察室设立的必要性进行分析有助于破解谜团、澄清认识。

(一)政策导向的影响

新农村建设为新一轮检察室工作的开展掀开篇章,高检院在《2009—2012 年基层人民检察院建设规划》中提出"要坚持工作下沉,积极探索派驻街道、乡镇、社区检察机构建设",2010 年时任高检院检察长曹建明在全国检察长座谈会上就乡镇检察联络室工作提出具体指导性意见,2011 年时任高检院政治部主任李如林在全国检察室座谈会上强调统筹推进派驻基层检察室"五化"建设,即"规范化""正规化""标准化""专业化""信息化",从职能、机构、运行、队伍、基础设施等方面提出了要求[②]。在缺乏相关法律依据的情况下,以上文件和精神为开展乡镇检察室工作提供了政策支持。《"十三五"时期检察工

---

① 参见蓝向东、林悦《乡镇检察室建设的规范化与运行模式选择》,载《人民检察》2011 年第 3 期。

② 《李如林在全国检察机关派驻基层检察室工作座谈会上强调,统筹推进派驻基层检察室"五化"建设》,载《检察日报》2011 年 10 月 13 日。

作发展规划纲要》提出全面推进基层建设,也将为乡镇检察室的发展提供指导性意见。在有力政策的支持下,开展检察室工作应该保持更为清醒和理智的头脑,经过充分的论证和实务探索,按照“成熟一个、设置一个、规范一个”的要求稳步推进。

(二)检察工作和基层的需要

乡镇检察室被撤销后,基层检察院的工作都在机关内部,但对于辖区人口多、情况复杂的乡镇情况掌握不到位,造成信息不畅,同时也缺失了服务基层的渠道,与基层组织的沟通机会越来越少,不利于整体检察工作的发展。从工作层面分析,基层检察院自身有着需求。经济发展带来行为方式的转变,近年来检察机关与基层的壁垒越来越明显,检察职能很难精确地找准切入点和结合点。随着近几年城乡一体化建设的加快,在涉农领域矛盾较为突出,基层群众对检察职能定位缺乏了解,不知道或不方便向检察机关反映问题,一些基层组织负责人权力观、法治观淡薄,导致在决策和行为上损害了群众的利益,影响党和国家机关的形象,这些现象在查处的涉农领域职务犯罪案件中有所反映,无论基层组织还是人民群众,对检察机关都有着一定的法治需求,检察机关受案多人少、职能局限等因素的影响,打击、预防、服务等功能未得到充分的发挥。

(三)法律资源要素的缺失

作为完整配置的司法资源,检察机关行使着法律监督职能,与公安侦查、法院审判等要素独立并行,同时也对行政权进行监督。公安机关在基层乡镇设置派出所,基层派出所行使一定范围的刑事案件侦查权,此外还担负着治安行政案件的调处,而更为重要的是其有着刑事立案的启动权,检察机关相对应的职能为立案监督、侦查监督和行政检察。金港镇、凤凰镇具有一定的特殊性,设立有警署,对下辖的五个派出所进行统一管理,公安机关在基层的权力更为集中。法院设有法庭,对相关民事案件进行调解或裁判,检察机关相对应为民事行政检察监督职能。行政权力属于基层乡镇的重要职权,张家港市乡镇现代化建设程度较高,在改革创新上也先人一步,凤凰镇作为全省强镇扩权的试点,逐步把相关的行政执法权和审批权下放。检察监督职能在乡镇基层全部由坐落在市区内的检察机关行使,在乡镇法律资源配置上明显缺位,不利于检察机关进行监督。在金港镇(保税区)、凤凰镇设置派出检察室成为现实需要,张家港院在2013年建立筹备处的做法符合实际状况,全面探索乡镇检察室工作符合当前工作需要。

(四)需要考虑的相关因素

设立乡镇检察室是否必要不能一概而论,从整体发展趋势及检察机关面临的任务、党和人民群众的期盼看,设立乡镇检察室确有必要。但具体结合各地实际情况,要结合一些具体的因素因地制宜进行分析。在信息化高度发达的社会,各地经济发展状况不均衡,对社会治理的需求也不均衡,因此是否有必要设立乡镇检察室必须结合实际情况。在判断必要性时,具体结合一些要素综合考察,这些要素包括所辖区域的经济发展状况、人口状况、社会治安状况以及社会治理的实际需求。对于一些空心化的乡村设立乡镇检察室显然不具有必要性,而对于一些社会矛盾突出、生产交易频繁、社会资源资本要素流通较快的地区,有必要延伸检察触角,体现检察机关的作为与担当。

三、职能定位设想

从以上考察可以看出,乡镇检察室的发展、取消、再生始终离不开职能的定位,职能对于乡镇检察室起到了生死存亡的决定性作用。因职能定位不准造成工作上的迷茫,乡镇检察室能做些什么、应该做些什么,这些最基础性的问题始终没有得到很好的解决。在面临监察体制改革、司法责任制改革、以审判为中心刑事诉讼制度改革的多重背景下,全职能综合型检察室符合当前实际工作的需要。

(一)职能定位的合理性判断

1. 完整职能下沉的假设。乡镇检察室是检察院的内部工作机构,因其工作区域、工作职责相对独立,有别于其他内设科室,进行全面职权下放不失为一项破冰前行的有效进路,具体包括批捕、起诉、民行、控申、犯罪预防等职能。对于民行、控申、犯罪预防等工作不存在太多的障碍,批捕和起诉职能下放则存在一定的难度,该项职权牵涉到公安、法院相应对接机制的建立和完善。便捷性是乡镇司法机构的第一位特征,对接机制如不能建立反而会更加浪费司法成本。在信息化技术高速发展的时代,经济发达地区的司法机关积极进行工作创新,主动探索一条司法权力在基层完整高效的运行机制,各个司法部门都责无旁贷。可以利用信息化建设手段,解决工作推进中的难题,从合理性和可行性上分析,检察机关全部职能下放符合检察权运行和发展规律。

2. 纵横结构布局。乡镇检察室从产生之日起,就面临着和检察院之间纵向结构、与乡镇党委政府横向结构的规划问题,在完整职能下放时,此类问题就显得愈发重要。检察院对乡镇检察室进行管理毫无争议,在职能下沉后,其与各个业务部门之间的组织协调、权力分配、管理配合等都需要做好相应规划。对乡镇检察室的管理模式存在几种类型:一是由检察长或分管副检察长直接管理;二是由政治处或纪检监察室负责;三是成立专门的管理部门。江苏省院提出设立 2 个以上派出检察室的基层院要明确具体部门协助院领导加强对派出机构和人员的管理,对管理模式有明确具体的要求,设置和分配职权在强化管理的同时,应以简化权力运行为主要原则,避免内耗和相互推诿扯皮。横向布局牵涉到与地方党委政府的关系,过分依附和检察权力独立发展趋势不相符合;超然于乡镇政府之外,又不利于实际工作的开展。按照目前司法改革要求,人财物首先应当由检察院管理,而对于地方政府布置的与检察职能关联不大的工作会议和任务,如何进行取舍需要在实践中逐步探索和总结。

3. 关联问题分析。社会矛盾与经济社会发展密切相关,检察机关在忠诚履职、服务群众方面有效发挥着职能,公众法治意识、社会矛盾化解机制、检察工作评价标准等多种原因形成了综合背景,在目前的法治社会环境下,有些涉法信访问题并非检察机关能够独立解决,上级和群众对信访工作的负面评价导致检察机关想方设法从涉法信访问题中解脱。乡镇检察室处于基层一线,全面履职扩大影响后必然会产生个别负面因素,在敢于担当、依法担当的问题上,乡镇检察室如何作为、如何把握好权力限度成为一大难点。同时,如何进行人员数量和力量选配,如何统筹解决物力财力问题,也要根据实际业务规模量力而行,防止资源不足和浪费。

(二)全职能综合型检察室的内容

羁绊和约束造成了目前的困境,有所为才能有所位,在得到正式法律认可之前,检察系统内部应当突破现有局限,使乡镇检察室职能真正得到体现。按照工作目标的主导性可以划分为法制宣传主导型、矛盾化解主导型、代表联络主导型三种模式。北京房山区人民检察院由控申处牵头,在乡镇设置检察联络员,定期坐班,主要以化解矛盾为主。实践中,各地的有益探索为乡镇检察室发展积累了有益经验,尚没有一条完整可借鉴的道路,客观评价乡镇检察室的职能,还没有得到充分有效发挥。从理论划分看,多数也是围绕着职能定位进行分类,其准确性和科学性有待于进一步深入探讨。全职能综合型主要包括以下内容。

1. 刑事检察监督。按照“捕诉合一”工作要求,办好辖区内发生的刑事案件,并做好对公安、法院的监督。在办案中监督,在监督中办案,重心在于对公安机关基层派出所侦查活动进行一线监督、动态监督、全程全面监督,以信息化为手段、机制化为保证、常态化为基础,建立相应的监督工作体系。对司法所的工作进行监督,承担所辖区域内的刑事执行检察监督职能。由于近年来轻缓刑案件数量日益增多,基层司法所出具的社区矫正调查评估报告,对犯罪嫌疑人能否判处缓刑有着重大影响,该项工作会开展目前尚不规范,容易滋生腐败,也是监督的盲区。司法所还负责辖区内的社区矫正工作,社区矫正事关刑事执行程序的严肃性,事关国家司法权威的实现,在一定程度上也会影响到区域性社会治安状况。目前开展的刑事执行检察监督多以执检部门巡视为主,动态性、全程实时性监督仍有许多短板。由派驻乡镇检察室对司法所的刑事执行工作进行监督,符合实际工作的需要。此外,检察室对司法所开展的刑事和解、审调对接等工作也可以开展有效的监督。以监督促进规范,实现共赢、双赢、多赢的效果。

2. 民事检察监督。对所辖区域乡镇法庭的民事审判执行活动开展监督,依法监督民事生效裁判、调解书,加强审判活动违法行为监督、执行活动监督,服务辖区居民,方便人民群众诉讼,促进民事审判执行活动公平公正。检察室在工作中要与法庭建立监督意见采纳情况跟踪机制,依法跟进监督,强化监督效果。还可以依法办理辖区内公益诉讼案件,对破坏生态环境、人民群众反映强烈的案件,积极开展调查,广泛收集证据,依法提起诉讼,保护生态环境和人民群众合法权益。

3. 行政检察监督。赋予对行政违法行为监督和行政强制措施监督的职权,对辖区内行政机关执法行为开展监督。基层乡镇执法规范化程度相对不高,属于监管薄弱环节,检察室处在基层站所一线执法的环境中，可以及时掌握监督信息，对辖区内相关行政站所的行政违法行为、行政强制措施及时开展监督，也有利于规范行政执法行为、促进法治社会建设。

4. 控告申诉检察监督。发挥好派驻乡镇检察室的窗口平台作用，真正把为民服务措施前移，赋予其行使控申部门相应的工作职能，让人民群众在派驻乡镇检察室能够获得与检察为民服务中心基本相同的服务，减少群众路途奔波。辖区内的涉法涉诉信访、检调对接、司法救助、国家赔偿等工作均可以由派驻乡镇检察室开展。

5. 其他工作职能。做好辖区内未成年人检察监督工作，对涉嫌犯罪的未成年人开展帮教，依法监督跟踪附条件不起诉未成年人的日常表现，开展“法治进校园”活动，联合妇联、学校、社区等机构，建立联合保护未成年人合法权益的工作机制。深化驻巡结合工作格局，协助派出院业务部门的审查逮捕、审查起诉等工作，发挥出熟悉人情社情、地理环境的作用，完成派出院交办的其他工作任务。积极开展好驻地工作，与村委、社区、企业等建立联系，参与党委政府组织开展的社会治安综合治理，开展社会治安防控监督，积极预防违法犯罪行为的发生。

公诉视角下认罪认罚从宽制度探讨

严立华　黄祥坤*

摘要:2016 年 9 月,全国人大常委会授权原先试点刑事速裁程序的京、津、沪等 18 个城市试点认罪认罚从宽制度,实行繁简分流;2018 年 10 月,全国人大通过《刑事诉讼法》修改,正式确立认罪认罚从宽制度和刑事速裁制度的法律地位,明确将绝大部分轻微刑事案件或者犯罪嫌疑人、被告人认罪认罚的刑事案件分流到简易化程序,只让剩余小部分重大、复杂、具有典型意义的案件进入实质化庭审程序,从而配置优化司法资源,提高司法效率,保障司法公正。为此,以公诉视角探讨公诉环节认罪认罚从宽制度,对于推动案件的繁简分流,构建以"以审判为中心"的刑事诉讼制度具有现实意义。

关键词:认罪认罚　审查起诉环节　繁简分流

2016 年 9 月,全国人大常委会授权原先试点刑事速裁程序的京、津、沪等 18 个城市试点认罪认罚从宽制度,实行繁简分流,将绝大部分轻微刑事案件或者犯罪嫌疑人、被告人认罪认罚的刑事案件分流到简易化程序,只让剩余小部分重大、复杂、具有典型意义的案件进入实质化庭审程序,从而配置优化司法资源,提高司法效率,保障司法公正。为此,以公诉视角探讨公诉环节认罪认罚从宽制度,对于推动案件繁简分流、构建以"以审判为中心"的刑事诉讼制度具有现实意义。

一、认罪认罚从宽制度兼具实体与程序二重性

(一)刑事实体法中认罪认罚从宽的体现

1. 定罪阶段的认罪认罚从宽的体现。定罪阶段中认罪认罚从宽主要体现在两个方面:一是"但书"的规定,《刑法》第 13 条规定,"但是情节显著轻微、危害不大的,不认为

---

* 严立华,江苏省盐城市亭湖区人民检察院党组副书记、副检察长;黄祥坤,江苏省盐城市亭湖区人民检察院刑检二部副主任。

是犯罪”。二是关于违法性的认识。我国刑法未明确规定违法性的认识，但往往对故意犯罪与过失犯罪进行区别，造成相同法益侵害后果的情况下，故意与过失承担的刑事责任是有差别的。

2. 量刑阶段的认罪认罚从宽的体现。量刑阶段中认罪认罚从宽的相关内容在刑法总则、分则中均有所体现。如总则中关于自首、坦白、立功及中止犯的规定。刑法分则中关于行贿人被追诉前主动交代行贿行为、非法种植毒品原植物在收获前自动铲除等。以上规定均体现了行为人已经认识到其行为的社会危害性，力图通过主动交代或者消弭错误体现认罪认罚，符合认罪认罪从宽的理念。

3. 行刑阶段的认罪认罚从宽的体现。行刑阶段关于认罪认罚从宽的内容可在减刑、缓刑、假释中体现出来。缓刑适用要求行为人表示出积极诚恳的认罪态度，减刑和假释适用不仅要求体现出行为人认罪服法，更要求体现出行为人更好地改造自己，以积极的立功行为对社会有益，这值得刑法的肯定，应当予以从宽评价。

（二）刑事程序法中认罪认罚从宽的体现

1. 简易程序。修订后的《刑事诉讼法》扩大了简易程序的适用范围，并根据法定刑的不同又分独任制和合议制度两种模式。只要案件事实清楚、证据确实充分，被告人认罪且同意适用简易程序的案件，可以适用简易程序。这不仅节约了司法资源，赋予被告人程序选择权，也蕴含着认罪的价值理念。

2. 刑事和解程序。修订后的《刑事诉讼法》增设当事人和解特别程序，对于特定类型的刑事案件，行为人真诚悔罪，通过向被害人赔偿损失、赔礼道歉方式获得谅解，被害人自愿和解的，双方可以和解。对于达成和解的案件，可以从宽处罚甚至不起诉。这赋予被害人参与权，也给予被告人从宽处理的机会。

3. 刑事速裁程序。全国人民代表大会常务委员会《关于授权最高人民法院、最高人民检察院在部分地区开展刑事案件速裁程序试点工作的决定》（以下简称《刑事速裁程序决定》）将认罪 + 认罚的概念正式体现在规范性文件中，要求犯罪嫌疑人不仅要认罪还要认罚，之后在一定程度上能够确定地获得刑法上相对缓和的评价。

（三）认罪认罚从宽制度的相对独立性

认罪认罚从宽制度改革的前提是已经存在一套认罪认罚从宽制度，在司法实践中已经存在简易程序、附条件不起诉、刑事和解等制度，虽具有认罪、认罚、从宽的部分机能，但上述这些制度都不能满足认罪认罚从宽制度改革所要求的实体法意义上“刚性”的从宽要件。①

修订后《刑事诉讼法》及《刑事速裁程序决定》均未规定适用简易程序及速裁程序具有实体“从宽”的效果。“认罪认罚”只是这些程序的启动条件之一，立法并未规定其有量

① 参见蔡未、蔡晓颖：《论刑事诉讼中认罪认罚从宽制度的重构》，载《边缘法学论坛》2017 年第 2 期。

刑从宽的效力，只能通过“酌定”或者“可以”从轻量刑的相关规定，“消极地吸引被告人选择自愿认罪”①。

认罪认罚从宽制度作为现有认罪、认罚、从宽制度的进一步创新，同时兼顾实体性和程序性双重性质。认罪涉及刑法中罪名的认定，认罚涉及刑事责任的承担，认罪认罚必须依据刑法及相关司法解释综合判断，而不同的罪与罚的追究须在不同的诉讼程序的完成。故该制度并非作为一个完全独立的制度而存在，仅具有相对独立性。

二、认罪认罚从宽制度的制度构造

（一）认罪认罚从宽制度的边界

1. 侦查阶段不宜适用。侦查机关在侦查阶段的主要任务是使用法定的种种侦查措施，抓捕犯罪嫌疑人归案，依法全面收集证据材料，查明案件事实。鉴于此，认罪认罚从宽制度的适用有着严格的诉讼节点限制，只能在审查起诉阶段和审判阶段发挥其特定优势，而不宜适用于侦查阶段。

2. 控方证明责任的减轻。适用认罪认罚从宽制度的刑事案件，证据标准仍然是“案件事实清楚、证据确实充分”，但控方的证明责任却发生了变化，体现在减轻了控方在审查起诉、准备公诉活动及参与庭审举证、质证等方面的负担。但这些变化并不意味着降低证明标准，仍然需要按法定程序全面收集能够证实被追诉人有罪或者无罪、罪重或者罪轻的各种证据。如果降低证明标准，容易引起冤假错案的发生②。

3. 庭审程序的简化。在适用认罪认罚从宽制度办理案件过程中，法官主要审查认罪认罚的自愿性以及控辩双方协议的合法性等基本内容，庭审环节重点听取控辩双方量刑意见，最终形成对被告人自愿认罪认罚的内心确信。此外，不能简化和省略包括宣布法庭的组成、诉讼权利的告知、被告人最后陈述及被告人的辩护权等在内的司法裁判正当性所必需的特定程序。

（二）认罪认罚从宽制度的程序构造

1. 侦查阶段。侦查机关在侦查阶段并不负有督促犯罪嫌疑人认罪认罚的职责。但犯罪嫌疑人如果充分知晓该制度的性质，出于对从宽处理的期待，在侦查阶段提出认罪认罚意愿，侦查机关应当记录在案。案件侦查终结时侦查机关应当将此类案件专门标注后移送审查起诉，侦查机关基于对该案侦查结果的整体判断，亦可建议适用该制度。③

2. 审查起诉阶段。审查起诉阶段，控方与辩方对符合条件的案件展开认罪认罚从宽协商时，必须明确三个问题：一是出于对权力制约，一般不允许公诉机关随意撤回认罪认

---

① 陈瑞华：《司法过程中的对抗与合作——一种新的刑事诉讼模式理论》，载《法学研究》2007 年第 3 期。

② 参见陈瑞华：《认罪认罚从宽制度若干争议问题》，载《中国法学》2017 年第 1 期。

③ 参见刘栋：《侦查阶段认罪认罚从宽制度的适用》，载《检察风云》2017 年第 20 期。

罚协议,除非发现新证据、新事实足以改变案件实质结果。如实际罪名与认罪罪名不一致,发现能够证据犯罪嫌疑人无罪、罪轻的证据等。二是出于对权力制衡,公诉机关不得对通过从宽承诺获得犯罪嫌疑人认罪认罚的案件作出不起诉的终结性处理,此类含有协商内容的案件必须经法院审查。当然,尽管犯罪嫌疑人表示认罪认罚,但公诉机关未与其展开从宽协商的不在此限。三是从宽协商不包括罪名和罪数的协商。一般而言,不得通过罪名变化作为认罪认罚的协调条件,即使被追诉人选择认罪认罚,也不得在协议过程中降格指控,将重罪协商改成轻罪,或协商减少指控改变罪数。

3. 法院审查确认阶段。法院应当全面审查该案件是否达到适用认罪认罚从宽制度的法定条件,特别需要对协议的合法性、正当性予以审查。审查方式可以是审核案卷材料、庭审讯问、社会调查或依职权调查,重点需要审查是否符合制度适用条件、协议的合法性、达成协议过程的正当性等。

对于经法院审查确认适用认罪认罚从宽程序并据此作出裁判的案件,是否允许被告人上诉或申诉?由于申诉权是宪法赋予公民的基本权利,不允许对其进行限制,故即使作出裁判也应当允许被告人申诉。但对于此类案件被告人上诉权,由于受上诉不加刑的制约,被告人在一审阶段已经基于认罪认罚获得从宽处理,如其上诉时表示不认罪认罚,二审无法撤销其从宽所获得的利益。被告人在一审中通过认罪认罚以获取从宽利益,相应利益既得后再行上诉,将会严重影响该制度带来的效率价值,有违该制度设立的初衷,应当对被告人的上诉权进行适当限制,如限定上诉的法定情形、案件类型或对上诉理由进行形式审查等。①

三、认罪认罚从宽改革中公诉机关的职能担当

(一)认罪认罚从宽改革中公诉机关的职能定位

1. 开展与被追诉人协商。公诉人获取侦查机关移送的案卷材料后,通过审查案卷对案件证据材料进行充分了解,通过讯问犯罪嫌疑人了解其认罪认罚的主观意向,并向其翔实解释认罪认罚制度对案件处理的法定影响。在此基础上,通过一系列协商,公诉人依法与犯罪嫌疑人及辩护人就特定认罪认罚达成协议。

2. 提出程序适用建议。在控辩双方达成协议的基础上,公诉人依法向人民法院提起公诉,在移送案卷材料同时移送认罪认罚协议书,提出适用认罪认罚从宽处理程序建议。该建议主要是根据案件不同情形建议适用速裁程序、简易程序或者普通程序简化审理,并在庭审过程中根据认罪认罚确认情况,提出从宽量刑建议。

3. 履行法律监督职责。公诉机关可遵行一般的监督权行使模式,针对不同办案环节,对被追诉人程序选择的自愿性、控辩双方协商的合法性、法院审查确认的正当性等重

① 参见韩平静:《认罪认罚从宽制度下被告人上诉权研究》,载《中国检察官》2017 年第 22 期。

点环节进行监督。同时，考虑到认罪认罚从宽制度特定的价值导向，公诉机关履行监督职能应当侧重于对司法机关在办案过程中可能存在的权力滥用等行为进行监督，并完善公诉机关内部监督制约机制。

（二）认罪认罚从宽制度改革中检察机关的使命担当

1. 审查认罪认罚的真实性和自愿性。公诉人讯问犯罪嫌疑人时，需要向犯罪嫌疑人充分说明适用认罪认罚从宽程序的法律后果，包括审理程序上的差异性、上诉（申诉）权利的限制等，保证犯罪嫌疑人必须是在知道自己犯罪行为的性质及后果，没有受到外力的强迫、威胁、欺骗、引诱和其他不适当的影响之下作出的认罪认罚意愿，从而形成犯罪嫌疑人认罪认罚真实性、自愿性的内心确信。

2. 推动不认罪案件向认罪案件转变。基层检察院公诉部分承办的刑事案件中，大约有80%属于认罪案件，剩余20%属于不认罪案件，而也正是这20%不认罪案件牵扯了公诉人80%的精力，是司法资源消耗的主战场。[①] 公诉人合理使用“认罪＝从宽”的杠杆推动不认罪案件向认罪案件转变，激发被追诉人认罪悔罪心理，避免司法资源消耗，彰显及时正义程序价值。

3. 构建律师参与的协商机制。公诉人在形成被追诉人认罪认罪自愿性、真实性的内心确信后，在与犯罪嫌疑人协商过程中，犯罪嫌疑人应获得律师的帮助，也可申请法律援助。除特定简单轻微刑事案件外，其他案件的协商应当有律师的参与和帮助，以保障协商过程中被追诉人的合法权益。

4. 强化自身监督。由于认罪认罚从宽制度赋予公诉人较大的自由裁量权，必须完善检察机关内部监督制约机制，将协商权力真正关进制度的笼子里。此外，为确保该制度适用的司法公信力，可探索建立检察监督公开机制，引入社会公众监督，提高民众对该项制度适用的理解和支持，夯实该项制度的公正基础和社会基础。

---

① 参见李本森：《法律中的二八定律——基于被告人认罪案件审理的定量分析》，载《中国社会科学》2013年第3期。

行政执法检察监督边界问题研究

刘　亮*

摘要：行政权天然具有的膨胀性和扩张性决定了必须有完善的监督机制对其进行制约。在众多针对行政执法的公权力监督形式中，检察监督是一种较为特殊的监督方式。检察机关在行政执法检察监督实践探索的过程中出现了一些问题，而从理论和实践角度来看，对行政执法检察监督设置边界具有必要性。边界设置应在坚持职权法定、谦抑监督和公益优先原则的基础上，从案件来源、监督范围、监督对象、监督方式和监督程序等方面予以细化。

关键词：行政执法　监督行政　检察监督

公权力本身意味着影响力，作为与社会民众联系最为密切的公权力，行政权天然具有膨胀性和扩张性。在对行政权进行监督的众多方式之中，检察监督是一种较为特殊的监督方式，但此种监督并不是也不应是无边界式的全覆盖监督，而应在案件来源、监督范围、对象、方式和程序等方面明确相应的边界。

一、行政执法检察监督的现状概述

我国现有立法并无"行政执法检察监督"的法律术语，但学术界和实务界有一个基本的共识，即检察机关对于行政机关在行使职权过程中存在的违法行为或不作为具有监督权。检察机关相应职能的行使也会涉及对行政权的监督，如对职务犯罪提起公诉、行政诉讼监督等，但其着重点在于对职务犯罪行为的打击和对法院审判活动的监督，只有行政执法检察监督将着重点直接置于行政机关的执法活动本身。当前，检察机关对行政执法行为进行监督的方式主要有以下三种：

---

* 刘亮，江苏省徐州市人民检察院检察员。

1. 检察建议。检察机关对于发现的行政机关违法行使职权或不作为可以通过检察建议的方式进行监督,这也是当前行政执法检察监督的主要方式。但此种监督方式的明显不足在于缺乏刚性,如果被监督单位不采纳建议则无进一步的法定跟进监督措施和手段,从而使检察建议的效力大打折扣,实效性也难以得到有效发挥。

2. 公益诉讼。依相关法律规定,对特定领域行政机关的违法行使职权或不作为,经诉前检察建议督促,行政机关仍不履行职责的,检察机关可提起公益诉讼。公益诉讼在一定程度上弥补了检察建议刚性不足的缺陷,但检察机关提起行政公益诉讼的范围仅限于生态环境和资源保护等四个领域,在其他领域则无法提起公益诉讼。

3. 抗诉、再审检察建议。从本质上而言,此类方式直接监督的是法院的审判活动,只是间接涉及行政执法行为。同时该监督方式也有两大不足:一是抗诉和再审检察建议只能向法院发出,而不能直接向行政机关发出;二是进入诉讼程序的行政违法行为毕竟是有限的,大量的行政违法行为或者行政不作为仍游走于行政诉讼之外。

行政执法检察监督在实践中存在的问题说明其仍处于探索过程中,需要结合办案实际甄别取舍、丰富完善。

二、行政执法检察监督边界设置之必要性

(一)行政执法检察监督与其他监督方式的对比

从公权力监督角度来看,除行政执法检察监督外,还存在人大、监察、审判和行政机关内部等多种监督行政方式。

1. 行政执法检察监督与人大监督。人民代表大会是国家的权力机关,行政机关由其产生、对其负责、受其监督。人大的监督是最高层次的,具有普遍性和整体性,其监督的主要是行政机关的整体履职情况和特定领域执法情况,原则上不直接对具体个案进行监督。而检察机关作为国家的法律监督机关是结合具体案件开展的监督,两者之间是一种宏观监督和个案监督的关系。

2. 行政执法检察监督与监察监督。监察委员会作为国家的监察机关,负责对所有行使公权力的公职人员进行监督。但依照《监察法》的规定,监察监督的对象主要是行使公权力的公职人员,而不针对行政机关的执法行为。而行政执法检察监督主要针对的是行政机关的执法行为,而非个人的违法违纪行为。两种监督方式各有侧重。

3. 行政执法检察监督与审判监督。法院基于审判权对诉讼中涉及的行政违法行为有权进行司法审查,并视情况作出判决。相较于检察监督,其具有同时审查抽象行政行为的优势,但其被动性和滞后性也十分明显,即只能通过行政诉讼间接地制衡行政权,范围相对狭窄。从实践情况来看,审判权对行政权制约的效果还不够理想。①

---

① 杨建军:《通过司法的社会治理》,载《法学论坛》2014 年第 2 期。

4. 行政执法检察监督与行政内部监督。在行政系统内部还存在着上下级监督、行政复议和审计监督等专门监督，行政复议是针对个案的监督，而审计监督是运用审计方式开展的专项监督。此种监督方式在实践中确实发挥了一定的作用，但相较于检察监督而言，其缺乏客观性、独立性和公正性。

由上可以看出，现有针对行政执法的各种监督方式各有特点和侧重点，也各有优势和不足，不能相互取代。但实践中也存在"重复监督""替代监督""空白监督"等问题，其原因就在于各种监督机制的边界尚不完全清晰，进而导致各种监督之间的关系并未完全理顺。

（二）从理论和实践角度看边界设置之必要性

1. 设置边界的理论必要性。边界的合理确定是有效防止权力重叠、确保权力规范有效运行的先决条件。从制度设计初衷来看，国家设立各种行政公权力监督制度的目的就是期望通过构建完善的监督体系，充分发挥各种监督方式的优点，进而形成监督合力，最大限度地发挥监督效果。实践中，行政机关出现行政违法行为，应根据不同情况分别受上级机关、检察机关及监察机关等的监督和规制。由于检察机关与上级机关的职能和作用并不完全相同，检察机关无权对所有的行政行为进行监督和规制。[①] 行政执法检察监督自然不应该也不可能起到"包打天下"的作用。因此，合理设置边界是厘清各种监督方式关系的内在基础要求。

检察权本身的属性决定了检察机关行使的不应是"一般监督权"。在我国，人大的监督是最高层次、最全面的监督，其拥有的是唯一的"一般监督权"。检察权是我国人民代表大会制度下为弥补人大监督之不足而确立的一种为确保法律得到全面实施而由专门机关实施的法律监督权，这就决定了检察院对行政违法行为实施检察监督是有边界的。[②] 也就是说，检察机关的监督不应像人大监督一样定位为"一般监督"，这一点在我国宪法关于检察机关职能表述的变化上也有鲜明的体现。[③]

2. 设置边界的实践必要性。首先，行政执法检察监督全覆盖依据不足。对公权力机关而言，权力的行使必须有明确的法律依据。虽然党的十八届四中全会提出"检察机关在履行职责中发现行政机关违法行使职权或者不行使职权的行为，应该督促其纠正"，但该句之后又有"探索建立检察机关提起公益诉讼制度"的表述。习近平总书记在对《中共中央关于全面推进依法治国若干重大问题的决定》的起草说明中进行的释明也表明，行

---

① 在德惠市人民检察院诉德惠市朝阳乡人民政府不履行环保监督管理职责一案中，长春市中级人民法院在二审判决中做出上述论述，详见长春市中级人民法院（2018）吉 01 行终 49 号行政裁定书。

② 刘畅、肖泽晟：《行政违法行为检察监督的边界》，载《行政法学研究》2017 年第 1 期。

③ 我国第一部宪法，即 1954 年宪法第 81 条规定，最高人民检察院"对于国务院所属各部门、地方各级国家机关、国家机关工作人员和公民是否遵守法律，行使检察权"。1978 年宪法也有同样表述，但现行 1982 年宪法中取消了此规定，仅规定检察机关是国家的法律监督机关。

政执法检察监督是提起公益诉讼的前提条件而非全监督。[①] 目前这一要求已落实到立法中,但除《行政诉讼法》外,并无关于检察机关对行政违法行为进行全面监督的其他法律规定,[②]即便在《人民检察院组织法》这样关于检察机关基本职能的立法中也无相关体现。[③] 因此,行政检察监督不可能是全方位、全覆盖的监督,而必须在各方面设定相应的边界。

其次,行政执法检察监督全覆盖能力不足。一方面,从实践角度来看,行政机关在公权力机关中所占比重最大,所做的行政行为涉及生活的方方面面,十分庞杂烦琐且具有专业性。而检察机关在人力、财力和精力方面都是有限的,不可能做到对所有行政执法活动的监督全覆盖,且检察机关对许多专业执法领域并不熟悉,监督起来也有很大的难度。另一方面,根据现有法律规定,检察机关除在特定领域可提起行政公益诉讼外,对行政执法所能采取的监督手段只有检察建议。而检察建议的柔性又会使监督效果大打折扣。这种监督效果的不理想也决定了目前检察机关无法承担起行政执法全领域监督的重任。

最后,行政执法检察监督全覆盖效果不佳。如果允许行政检察监督全覆盖则有可能会出现多个监督机关同时处理同一案件的"撞车"或"替代监督"等现象。[④] 在这种"竞争"中,检察监督却无法表现出预期的效果优势。当前,许多检察机关都在自觉或不自觉地扩大着行政执法检察监督的范围,大多数情况下,只要认定行政机关存在违法情形即予以监督,但监督效果却不甚理想。究其原因在于,作为主要监督方式的检察建议既缺乏刚性约束,亦缺乏有效有力的跟进监督方式。为了"大""全"而追求监督全覆盖不仅达不到预期的效果,反而会削弱监督的权威性和检察公信力。

---

① 《关于〈中共中央关于全面推进依法治国若干重大问题的决定〉的说明》第九部分的标题即为"探索建立检察机关提起公益诉讼制度",在该标题下细述了《中共中央关于全面推进依法治国若干重大问题的决定》中进行"检察机关在履行职责中发现行政机关违法行使职权或者不行使职权的行为,应该督促其纠正"和"探索建立检察机关提起公益诉讼制度"表述的理由。由此可见,该两句话表述的核心和侧重点在于"提起公益诉讼制度"。

② 有学者提出在《国务院关于劳动教养的补充规定》等文件中规定了检察机关对劳动教养机关的活动进行监督,但笔者认为一方面该规定仅系行政法规,在层级上不符合《立法法》规定;另一方面,劳动教养制度在我国已被废除,该规定也已失效。有学者提出《人民警察法》第42条规定了"人民警察执行职务,依法接受人民检察院和行政监察机关的监督",但笔者认为根据该法的规定,人民警察履行职责的行为不仅仅是行政行为,还包括刑事侦查行为,因此不能仅凭该表述就认定检察机关对人民警察的监督是行政执法监督。其他如《治安管理处罚法》等法律中也有相应表述,但均非检察机关对行政执法实施全监督的表述。

③ 有学者提出《人民检察院组织法》(1986年)第6条"人民检察院依法保障公民对于违法的国家工作人员提出控告的权利,追究侵犯公民的人身权利、民主权利和其他权利的人的法律责任"的规定赋予了检察机关对行政执法进行全监督的权力,但笔者认为该条规定的是对"违法的国家工作人员"的监督,而非对国家机关的监督,而这两者是有区别的。这一规定应当是对检察机关原有职务犯罪侦查职能的细化和延伸。但随着《监察法》的出台,对"违法的国家公职人员"的监督已不再属于检察机关的职权,检察机关再行监督已不合适。

④ 邹焕聪、沈卫华:《行政违法行为的检察监督范围探析》,载《山西警察学院学报》2018年第1期。

三、行政执法检察监督边界的设置原则及建议

(一)边界设置的原则

1. 职权法定原则。职权法定不仅是对行政机关行使权力的基本要求,也是对所有公权力机关行使权力的基本要求。行政执法检察监督涉及检察权与行政权行使的关系,同时也涉及国家机关的权力架构和职能问题,按照《立法法》的规定,其只能通过制定法律进行明确。只有通过立法对行政执法检察监督的主体、对象、范围、方式和程序等内容予以明确,才能保证检察机关在法定职权范围内行使好法律监督权,才能实现国家权力的相互平衡,从而真正有效发挥检察机关在预防和制止行政违法方面的监督作用。

2. 谦抑监督原则。在现有行政执法公权力监督体系中,检察监督只是其中的一部分而非全部。上文已述,各种监督方式各有特点和优势,加之检察权自身的局限性,行政执法检察监督不可能也没有必要取代其他监督方式。相反,应当充分尊重其他机关监督职权的行使和监督职能的发挥,对于可以通过其他监督方式实现监督目的的,检察机关不应再行介入,以免产生"重复监督"或者对其他监督主体造成负面影响。只有当其他监督方式均不能或难以发挥作用时,检察机关才可以对行政执法启动监督程序。

3. 公益优先原则。检察监督的法定性和谦抑性决定了检察机关并不是针对所有行政执法行为都应当予以监督。就现有监督主体和方式而言,对于行政人员的违法行为可以由监察委员会进行监督;有行政相对人和利害关系人的行政违法行为可以通过行政复议、行政诉讼等方式进行监督;对行政机关颁布的规范性文件或作出的决定可以由上级机关或人大进行监督。检察官作为公共利益的代表,保护国家利益和社会公共利益是检察机关的基本职责之一。结合检察权运行的特点和检察资源的有效性,应当将公益保护确定为行政执法检察监督的基本原则。

(二)边界设置的具体建议

行政执法检察监督在边界设置上应当从案件来源、监督范围、监督对象、监督方式和监督程序等方面进行细化。

1. 行政执法检察监督的案件来源边界。行政执法检察监督具有谦抑性,当行政行为涉及具体相对人或利害关系人时,其可依法通过行政复议或诉讼方式解决。如果此时允许当事人通过申请而启动检察监督,则无疑会对行政内部监督和诉讼造成干涉,使检察机关成为当事人对抗行政权的工具,这不符合法律规定。如果当事人经行政诉讼仍不服的可向检察机关申请监督,不过此时是诉讼监督,而非直接的行政执法监督。当然,如果在诉讼监督中发现属于行政执法监督情形的,可依职权启动监督程序。因此,根据现有监督行政体系、法律规定及检察权运行现状,应将行政执法检察监督的案件来源限定于"履行职责中发现"。具体而言主要为检察机关在履行批准或决定逮捕、审查起诉、诉讼监督等职责中发现,对于人大、党委等其他部门移送的行政违法线索,属于监督范围的也应当依职权启动监督程序。

2. 行政执法检察监督的范围边界。通常情况下，行政执法活动会针对具体事项展开，当行政相对人或者利害关系人对行政执法的合法性提出异议时，其可以通过复议、诉讼等方式寻求权利救济，此种情况下不宜启动检察监督。但在一些特殊情况下，行政机关的违法行为侵害的是全社会的公共利益，此时致害行为往往有直接的受益者，而无直接的受害者，如城市规划领域行政机关违法审批行为、国有资产流失中的怠于履职行为、土地开发中的不合理利用，等等。[①] 此时本应是国家和社会公共利益最佳维护者的行政机关却因其违法行为成为社会公益的损害者，而公民、法人或其他组织因与行为之间不具有利害关系，无法通过诉讼等方式对公益进行维护。此时，检察机关自然应当通过监督行政机关的方式担负起维护公益的重担。而这与检察机关的当前定位、具体职能时相匹配，也最为符合现实需要。因此，纳入行政执法检察监督范围的应是损害国家利益或社会公共利益的行政行为，如行政机关在生态环境和资源保护、国有财产保护等领域存在的违法行使职权或不作为行为。

3. 行政执法检察监督的对象边界。首先，应当明确检察监督的对象是行政机关的外部行政行为。行政机关的内部管理行为发生于行政组织内部，只影响组织内部事务的实施，不属于检察监督范畴，同时应当明确检察机关只监督“事”而不监督“人”，对人进行监督的主体是监察委员会。其次，检察监督的对象应限于具体行政行为。行政机关的外部行政行为包括具体行政行为和抽象行政行为，抽象行政行为主要是行政主体制定发布普遍性规制的行为，现实中多表现为行政机关发布的规章、规范性文件等。如果行政机关发布的规范性文件违法，可以依法定程序将情况反映给享有撤销权的上级行政机关或其他国家机关，而不能由检察机关直接代替其他国家机关作出撤销决定或者其他处理决定。需要明确的是，这里的具体行政行为既包括行政机关违法行使职权的行为，也包括不作为的行为。最后，检察监督应当主要针对具体行政行为的合法性。合法性与合理性虽然都是行政法治的重要组成部分，但合理性是在合法性基础上的更高层次要求，整体上属于行政机关行使自由裁量权的范畴。检察机关的监督是对行政机关是否依法行政的监督，其依据只能是明确的法律规定，因此不宜对合理性问题进行监督，否则可能造成对行政权的不当干涉。

4. 行政执法检察监督的方式边界。检察机关行使的是检察权，其通过法律监督这一方式促使行政机关依法行政，所体现的应是一种建议权而不具有直接否定行政行为效力的效力。因此，检察监督的方式应有明确的法律规定。结合理论和现有实际，建议针对行政违法行为或不作为可采取的监督方式主要是检察建议。如果行政机关收到检察建议后未在相应期限内予以书面回复也未纠正违法行为的，对于符合提起行政公益诉讼条件的检察机关应依法提起诉讼；对于不属于公益诉讼领域的，则应积极探索强化检察建

① 姜涛：《检察机关行政法律监督制度研究》，载《东方法学》2016 年第 6 期。

议刚性的具体措施手段,确保监督取得实效。除此之外,检察机关在监督过程中还可以向监察委员会等单位移送相关线索。但对于“责令纠正违法行为通知书”“检察令”等方式要慎重运用,否则监督形式的合法性就会受到质疑。

5.行政执法检察监督的程序边界。程序公正是公正监督的基础,检察机关在开展行政执法监督过程中也应严格遵守法定程序。首先,检察机关依职权对行政执法行为进行监督,只要有初步证据证明监督对象的违法行为或不作为损害公共利益,即应当进行立案。其次,立案后可以到被监督单位了解具体情况,依法进行调查取证,这是检察机关行使监督权的基础,对此行政机关应当予以配合。当然,在无法律明确授权的情况下,检察机关进行调查不得采取限制人身自由和查封、扣押、冻结财产等强制性措施。最后,依调查情况及时作出相应处理结果。对于行政机关确实存在损害社会公益违法行为的,应依法向其发出检察建议,要求其在限定期限内纠正违法行为或依法履行职责,逾期未纠正的依法提起行政公益诉讼;对于行政机关存在违法行为但不损害社会公益的,依法移送相关部门处理;对于行政机关不存在违法行为的,应当及时终结审查。

民事诉讼监督中调查核实权的行使与保障

江苏省盐城市大丰区人民检察院课题组*

摘要:2012 年民事诉讼法首次将检察机关在民事诉讼监督中享有调查核实权以法律的形式予以明确规定,调查核实权的确认使得检察机关对民事诉讼活动的法律监督有了法律依据,对其更好地履行自己的监督职责大有裨益。经过几年来的实践,实务部门在监督效果及监督工作延伸方面对调查核实权的依赖也会越来越重。但随着员额制改革的不断深入,原有的办案模式与办案机制发生深刻调整。因此,在司法改革浪潮中,检察机关民事诉讼监督中的调查核实权如何重新定位,如何按照现有的员额制办案模式开展民事诉讼监督的调查核实权是实务中的迫切要求。

关键词:民事诉讼监督　调查核实权　行使与保障

《中华人民共和国民事诉讼法》(以下简称《民事诉讼法》)第 210 条规定的"人民检察院因履行法律监督职责提出检察建议或者抗诉的需要"所享有的调查核实权,使得检察机关在民事诉讼中的调查核实权从理论研究、立法建议走向被法律明文确立。但是《民事诉讼法》《人民检察院民事诉讼监督规则(试行)》(以下简称《监督规则》)及其他规范性文件仅对此项权力作了简单、粗疏的规定,导致司法实践中检察机关调查核实权的行使形式多样、较为混乱。无论从理论探讨角度还是从司法实务角度,检察机关调查核实权都有其确立、完善的必要性和正当性,是履行检察监督职责的必要措施。重构检察机关在办案中的调查核实权,既要有立法上的明确规定,使该权力有法可依,保障权力的行使,又要健全调查核实具体制度,完善立法上的具体程序制约机制,确保该权力有序

---

* 课题组负责人:许永进,江苏省盐城市大丰区人民检察院党组副书记、副检察长。课题组成员:单庆恒,江苏省盐城市大丰区人民检察院民事行政和控告申诉检察部员额检察官;陈锦辉,江苏省盐城市大丰区人民检察院民事行政和控告申诉检察部员额检察官;杨雪松,江苏省盐城市大丰区人民检察院民事行政和控告申诉检察部员额检察官;陈雪,江苏省盐城市大丰区人民检察院民事行政和控告申诉检察部书记员。

行使。

一、民事诉讼监督中调查核实权的概念

《民事诉讼法》共使用了 26 处“调查”,5 处“调查取证”,1 处“调查核实”。《民事诉讼法》规定检察机关享有的调查核实权应包括调查权和核实权两层含义。针对受理的案件类型的不同,调查核实权的侧重点也有所不同。一是调查核实基本案情。调查核实权中包含了了解的含义,即通过检察机关的调查行为,基本还原诉讼活动的真实情况,以此来判断案件是否属于《民事诉讼法》第 200 条规定的应予再审的情形,最终决定作出何种处理结果。此种情况下,检察机关调查核实的目的是了解案件的基本情况,避免盲目性,提升检察监督的效果。二是调查取证。“证据”是民事诉讼的关键,检察机关的民事诉讼监督活动也不例外,同样需要证据的支持。例如,检察机关在办理损害公益案件以及审判、执行人员可能存在违法行为等案件时,都依靠证据来认定。也就是说,依照我国法律的相关规定,一定范围内的调查取证也是办理民事监督案件所需要的。但同时我们也要认识到,检察机关此类调查取证也包含了一定的核实性质,主要是核实裁判结果是否存在损害公益的情况以及审判、执行人员是否存在违法行为。

(一)调查核实权与法院调查取证权

首先,两者具有明显区别:一是目的不同。检察机关调查核实并非简单再次调查取证,主要在于纠正诉讼违法行为和原审裁判的不公正性问题,最终维护司法权威和司法公正。二是方法、手段存在差异。检察机关调查核实,可以拍照、录音、录像、复制、鉴定、勘验、制作笔录,但不能采用查封、扣押方式。而法院调查取证,可以与有权采取的证据保全措施结合起来,采用查封、扣押方式。其次,两者存在联系:一是根据司法解释相关规定,两者可以前后相继适用于同一具体个案,都能够为因客观因素导致不能举证的当事人提供补充性救济。二是两者具体手段上存在很多相似之处,都可鉴定勘验,询问证人、提取证言,调取物证书证,查询调取档案资料等。

(二)调查核实权与律师调查取证权

对于应然意义上律师应否享有调查取证权,存在否定说、肯定说的争论。[①] 2008 年修改后的《律师法》采纳肯定说,允许受委托的律师根据案情的需要,申请司法机关收集、调取证据或申请法院通知证人出庭作证;授权律师可以凭执业证书和律师事务所证明,自行向有关单位或个人调查与承办法律事务有关情况(第 35 条)。这说明律师享有一定程度、一定范围内的调查取证权,应辩证看待其与检察机关民事调查核实权的关系。一方面,两者性质不同,规范依据不同,效力强度和适用范围不同,差异明显。《律师法》和《民事诉讼法》没有赋予律师向第三者调查取证的强制权,而民事调查核实权具有司法强

---

① 参见高永刚:《论民事检察调查核实权》,载《南华大学学报(社会科学版)》2014 年第 2 期。

制力,当事人及案外人应配合协助。另一方面,两者可以前后相继、密切关联。如果律师调查取证到位,事后监督中民事调查核实的工作量将会减小,必要性可能降低;如果律师调查取证不足,当事人取证举证不力,裁判生效后可能出现各种新证据,检察机关随后就要调查核实。两者时间上可能前后相继,空间上可能并列存续、此消彼长。

(三)调查核实与诉讼违法行为调查

两者既有密切关联,又不完全等同。诉讼违法行为调查,是检察机关对司法人员有无违法事实及其性质、情节、后果等进行核实、查证的权力。在规范层面上,2008 年中共中央政法委员会颁布的《关于深化司法体制和工作机制改革若干问题的意见》和 2010 年最高人民法院、最高人民检察院、公安部、国家安全部、司法部颁布的《关于对司法工作人员在诉讼活动中的渎职行为加强法律监督的若干规定(试行)》,分别授权检察机关对法官诉讼中的违法行为开展监督调查,这是诉讼违法行为调查的制度起源,后来被规定为法律术语。而调查核实权是民事诉讼法和司法解释确认的权力,具体包括案件事实本身和诉讼违法行为,对象范围包括当事人和案外人,必要时包括原审合议庭成员及书记员、执行员、司法警察等司法人员。针对后者时,大多是诉讼违法行为调查的具体体现。在具体手段上,调查核实与诉讼违法行为调查都不能采取抓人扣物、限制自由、处分财产等强制手段,这是两者的共同之处。

二、调查核实权在司法实务中存在的问题

《监督规则》第五章第三节对调查核实的使用情形、措施及其他相关事项作了大体规定,其中第 66 条列举了人民检察院可以采取的调查核实措施,同时还规定了人民检察院调查核实,不得采取限制人身自由和查封、扣押、冻结财产等强制性措施。《监督规则》对检察机关调查核实权的手段作出了严格的限定,但是关于其范围、原则及程序的规定还较为模糊,具体操作层面面临诸多困境。

(一)法律规定范围不明确,边界模糊

《监督规则》第 66 条第 2 款规定,人民检察院调查核实,不得采取限制人身自由和查封、扣押、冻结财产等强制性措施。这个规定引出的问题就是对于将要丢失的证据民事检察部门应通过何种方式固化?对于信息化时代证据提取难的问题如何解决?同时第 66 条规定的其他措施的范围比较抽象,调查核实权的具体内容难以确定,民事检察部门办案进退两难。由于法律对检察院调查核实权的范围规定得不明确,调查核实适用的尺度也难以把握。若过于主动,可能破坏民事诉权的平等体系,与民事诉讼举证责任的要求相悖;若过于被动,则不能充分发挥检察监督职能。

(二)程序性保障措施缺乏,刚性不足

《监督规则》规定的查询、调取、复制相关证据材料及询问当事人或者案外人等调查核实的方式也存在漏洞。依《监督规则》规定,拒绝或妨碍调查核实的,可向有关单位或

其上级主管部门提出检察建议,责令纠正;涉嫌犯罪的,依照规定移送司法机关处理。实践也证明,在利益博弈较为尖锐的案件中,检察机关难以通过规定的方式有效破解相关人员不予配合的难题。在实践中存在三个问题:第一,若个人不履行、怠于履行配合协助义务,检察机关无有效应对举措。第二,若有关单位拒绝、妨碍调查核实,如何界定"拒绝、妨碍",认识有差异。第三,《监督规则》属专业领域办案规则,缺乏对有关单位、个人的普遍约束力。

(三)调查核实手段单一

在基层民事行政检察工作中,调查核实的手段比较简单,主要是通过调阅、复制相关行政执法卷宗、询问相关人员进行,采取委托鉴定、评估、审计和收集书证、物证、视听资料等方式的数量较少,难以充分发挥调查核实权的作用。对《监督规则》赋予的勘验物证、现场和咨询专业人员、相关部门或者行业协会等调查核实手段,在实践中运用难度较大。此外,《监督规则》规定,调查核实的前提是履行法律监督职责,提出检察建议或抗诉的需要,又规定调查核实的对象是当事人或案外人,存在一定的错位。

三、明确民事诉讼监督中调查核实权的行使范围及原则

(一)民事诉讼监督中调查核实权的行使范围

依据民事诉讼法及相关规定,结合司法实践,调查核实权的行使范围,可划分为实体性证据的调查核实、程序性证据的调查核实和法官违法行为的调查核实。

1. 实体性证据的调查核实。处于诉讼弱势地位的当事人虽然可以申请法院调查收集证据,但在庭审后获知证据线索、原审认定事实的主要证据是伪造的、虚假诉讼等情形下,当事人是没有机会申请法院调取证据的,当事人及第三人弥补实体性证据调查缺陷的最好方式就是申请检察机关监督,由检察机关行使实体性证据的调查核实权。

2. 程序性证据的调查核实。部分程序违法行为如违法送达、缺席判决、超审限办案等情形,通过调阅法院案卷可以发现,而大多数程序违法行为特别是故意违反法定程序的,则不可能在案卷中有所记载。如"依法应当回避的审判人员没有回避的"情形,需要对审判组织的组成是否合法、审判人员是否存在法定回避事由予以调查,通常需要检察院调查审判人员的资格证书、寻找证人或调阅户籍才能确定查明审判人员是否具有审判资格以及审判人员与当事人是否存在特殊关系。[①]

3. 法官违法行为的调查核实。《关于对司法工作人员在诉讼活动中的渎职行为加强法律监督的若干规定(试行)》明确了检察机关对法官行为的调查不限于审判阶段,还包括立案阶段、执行阶段等。从检察机关目前查办的法官违法案例来看,仅通过调阅案卷是无法认定的,通常是由他人举报或检察机关依职权发现线索,启动调查核实权,采取询

① 许晓娟:《民事检察调查权的范围界定》,载《河南社会科学》2014 年第 6 期。

问诉讼当事人、案外人、查询通话记录、银行存款凭证等方式予以查明。当然,司法实践中,上述三个范围的划分与适用通常会呈现出交互交织的情况,如法官故意违反法律规定缺席判决、枉法裁判、有意偏袒一方致使执行财产分配不符合规定、故意伪造证据充当虚假诉讼的帮凶等。

(二)民事诉讼监督中调查核实权运行的原则

行使调查核实权要遵循合法性原则,使之符合法治要求,同时兼顾法的安定性和正当性,体现合理性要求,使之合乎法理、合乎情理,实现权能运用的优化效果。

1. 合法原则。引入和确立合法原则,是让检察机关调查核实工作接受来自法律规定及其程序规范的制衡、约束,尤其是对监督职能、权力属性和运行程序的指导。检察人员行使调查核实权时,只能依据法律明确的规范内容,在法律规定的范围内,通过合法的方式、方法来行使,秉持客观、公正原则,尊重并保护各方当事人的合法权益。从权力行使的过程来看,检察机关行使调查核实权,不得破坏法定的举证责任规则,不能采取限制人身自由和查封、扣押、冻结财产的强制措施,也不能代替当事人担负举证责任。从权力行使的结果看,调查核实所取得的证据材料必须经当事人听证或庭审质证等正当法律程序的审查、检验,在充分听取各方意见后,才能作为审查认定事实的依据。

2. 比例原则。民事诉讼法在明确了调查核实权的同时规定了目的正当性的限制条件,实际上体现了必要性、适当性等比例原则的内涵,要求检察机关在行使该权力时应当尽可能选择对调查对象权益影响最小、侵害最小的方式进行。具体来说,一是裁量应否行使调查核实权时,应针对具体案件情况和实际需要,考虑比例原则。二是应遵循必要性原则操作,保持适度谦抑。调查核实只是裁量性权力,理应按需而行,并非每案必用。该办案手段应居于辅助性、从属性位置,仅在书面审查不足以解决问题等特定情况下才能启动。三是选择具体措施应遵循比例要求,服从法律监督职责履行的需要。调查核实权的行使,应充分考虑裁判性质、情节、争议程度或被调查对象的违法行为状态等情况,斟酌选择适宜、妥当的具体措施、方式和手段。

3. 效益原则。这项原则在相关规定中也有体现,例如,《监督规则》规定的完善指令协助调查制度,建立委托调查制度,规范重复鉴定、评估、审计问题,都权衡比较了调查成本与效益,体现了效益原则的精神主旨。检察人员在民事检察监督过程中,判断是否需要启动调查核实,或者启动后选用具体的调查核实方式和手段,都应权衡成本效益,考量投入与产出,实现司法资源的优化配置。

四、保障民事诉讼监督中调查核实权规范运行的建议

调查核实权立法上规制的不足不是一朝一夕能够迅速改变的。民事检察部门在具体司法实践中,应在现有法制的规定下,在合法性、合比例性以及合效益性原则的指引下,采用法律解释的办法,合法、合理地进行如下运用:

(一)调卷核实规则的合理化设置与运用

调卷作为基础性的调查核实方式,可以从以下几个方面进行优化配置:

一是确认调阅审判案卷正卷权能,具有一般必要性。因此,仍应明确检察机关有权调卷审查,尤其是在对案卷中具有争议的证据材料进行鉴定,替代方式不能使用等办案需要的情况下,就必须调阅审查原审卷宗中的相关材料。

二是确认特定案件调阅审判内卷,具有特殊必要性。检察调卷权,一般是指调取审判卷宗的正卷,有特殊理由时应当调阅内卷的履职权能。民事检察监督过程中如有特殊情况,检察人员为查明事实真相,必须审查内卷讨论笔录或原始证据材料的,可以发出调取证据通知书,督促法院协助配合。当然,检察人员应妥善保管、及时归还卷宗材料,不得长期占用或增删、篡改、变造、毁损、遗失相关卷宗材料。

三是调卷对象应当扩展到执法机关、业务主管部门、社会团体的档案材料。这些档案材料实际上多是社会管理部门在履行职责过程中形成、制作或保管的公文书证,立法上将检察调卷的对象范围扩展到这些档案材料,符合目的解释原则,具有理论根据。因为调卷权的本质是落实监督知情权的具体方式,体现了特定情况下国家机关获取信息的工具性权能,与查询权、复制权原理相通。检察机关办理涉嫌作伪证、虚假诉讼、损害公益、诉讼违法行为等案件,可能需要查询调阅当事人或案外人的户籍身份、违法犯罪或车辆、房产、存款等信息,用于佐证其处理决定。

(二)询问核实规则的合理化设置与运用

调查核实权运行应当遵循程序公正的原则,给予各方当事人陈述意见的机会,保障当事人获取司法救济的权益。在民事检察调查核实中,要充分听取申请人的申诉理由,把其作为监督调查的切入点,同时也要重视听取被申请人的反驳意见,维护正当裁判的公信力。在询问案外人或者证人时,要做好相关证据的印证对比工作,遇到特殊案件或疑难复杂问题时还可以向有关专家咨询。

一是重视听取申请监督和反驳的理由,以此作为调查核实的切入点。证据法理念不仅在于尽可能查明事实真相,还应牢记公正性要求,除非当事人弃权,应尽可能通知其到场参与证据调查,保障当事人有权发表意见。[①] 我国民事诉讼法将当事人陈述作为证据,但其陈述主张与证明责任相关,一般只是待证对象,需要对方自认或其他证据印证才能认定。双方当事人是原审的亲历者,又是利害关系人,民事检察部门在受理申请监督案件后,往往要查看或听取其意见和理由,作为调查核实的切入点。目前,检察听证程序仅规定于《监督规则》之中,但这不妨碍其司法属性,也不排除其将来逐步上升为法律条文。

二是询问案外人(证人),做好证据印证比对。证人证言作为一种证据类型,可能反映真实,也可能掩饰真相。检察人员调查核实时,要审查证人在原审中是否已作证及未

① 参见[日]高桥宏志:《重点讲义民事诉讼法》,张卫平、许可译,法律出版社 2007 年版,第 25 页。

作证的原因,其证言能否与卷内证据相印证,谨慎鉴别判断其证言能否作为新证据。为增强书面证言的可信度和可采性,建议明确规定:对于获取的新证言,如果证人确有合法正当事由难以出庭的,应尽可能提取现场录音录像,进行证据补强,或在庭前采取视频作证等适当方式,接受利害关系人的质证。

三是特殊案件疑难复杂问题采用专家咨询的方式进行核实。从规则体系化角度来看,专家咨询属于询问规则的特殊表现形式。《监督规则》第67条对民事诉讼法条文作了扩张解释,将咨询请教、听取意见的对象扩展到有关专业人员、相关部门或行业协会,并对其形式要件作出了规范。涉及专业技术疑难复杂问题或对鉴定证据存疑的,检察人员应当采用向专家咨询的方式予以核实,通过走访询问、制作调查笔录,提取专家证人意见并提交法庭,供再审法官在庭审质证中斟酌采信。

(三)勘验鉴定核实规则的合理化设置与运用

对于勘验来说,从法律规定和理论上来说,检察官对于一般性的专业技术问题进行勘验,应当说完全符合法律规定,而且也具有现实可行性。但是,鉴于复杂性问题中可能存在的技术风捡,民事检察部门组织勘验时,可以参照执行《人民检察院刑事诉讼规则(试行)》第209条的规定进行。此外,检察机关对民事申诉案件采用物证或现场勘验手段时进行调查核实,必须严格遵守法律规定的程序和要求进行,要尽可能尊重申请人意愿。检察机关采用勘验手段进行调查核实,必须严格遵守法定程序,按照法定条件进行。建议从以下几个方面着力完善现行规则:

一是尊重申请人意愿,谨慎将初次勘验或鉴定作为补充取证方式。取证规则体系中,勘验、鉴定的重要地位无可替代,但不宜作为首选方式。实践中多是在各方陈述及证人证言对现场、实物、书证等证据产生争议时,才需要进行勘验、鉴定。应尊重当事人的程序选择权与自主权,建立双方当事人协商选定鉴定机构和鉴定异议制度。当然,在双方不能协商一致或涉嫌虚假诉讼、违背公序良俗、损害公共利益时,检察机关仍然可依职权调查和依职权委托。

二是监督环节重新勘验或鉴定,一般应在审判过程权力行使不当的情况下进行。例如,审判人员本应勘验、鉴定而没有进行,或勘验、鉴定存在严重失误,损害当事人实体权益的,才可启动或重新勘验鉴定。《监督规则》第68条要求重新鉴定、评估、审计,必须审慎权衡裁量。建议补充规定:生效裁判监督中的申请人申请重新鉴定,应当在鉴定人缺乏资质、鉴定程序严重违规、鉴定意见明显缺乏依据、结论说服力不足等存在显著瑕疵的情形下,才能重新启动;如果补充鉴定、补充质证或重新质证等方法能克服鉴定缺陷的,不应重新启动。

三是扩大鉴定规则作为调查核实方式的类推适用。这里的鉴定应采广义解释,实践中评估、审计、翻译、人身检查可以视为特殊形式的鉴定。测谎试验也可参照适用鉴定规则,应谨慎探索测谎试验作为证据的适用空间。建议补充规定:如果现有证据能够认定事实，调查核实应尽量避免使用测谎方式。运用测谎试验，需要遵循自愿原则，由各方当事人自主选择鉴定机构，一般不宜强制测试，必要时也可依职权委托。经被测试者本人同意后，测谎试验产生的结论可以作为间接证据，据此判断是非曲直、认定案件事实。

综上所述，民事检察中调查核实权的强化和规制是时代所驱，也是检察机关民事检察发展部门的需要。民事诉讼法赋予了检察机关在民事案件审查中的调查核实权，有利于检察机关更好地践行其对民事诉讼活动的法律监督职责。虽然民事检察的调查核实权在近年来得到越来越多的承认和发展，却仍有规制和强化的空间。在现有法律体系下，在不能立刻改变规则的前提下，解决调查核实权立法用语模糊带来的一系列问题，需要司法解释，也需要学理解释。只有这样，民事检察的调查监督权才能发挥其应有的作用，民事检察的监督职责也才能不断走向发展与健全。

检察实务

买卖非重点保护的“三有动物”的刑事责任探讨

——以顾某生产、销售有毒、有害食品案适用法律为例

金志锋*

一、基本案情

被告人顾某长期向多人收购野生鸟，初加工后在农贸市场销售供人食用。2014 年 10 月至 2015 年 1 月期间，被告人顾某在明知孙某所销售的麻雀、珠颈斑鸠（均属于国家保护的有益的或者有重要经济、科学研究价值的陆生野生动物，以下简称“三有动物”）系非法猎捕的野生动物的情况下，先后收购麻雀 35043 只、珠颈斑鸠 948 只，其中已销售麻雀 31893 只、珠颈斑鸠 748 只，销售金额 52000 余元，非法获利 16000 余元。2015 年 2 月，公安机关当场查获被告人顾某未及销售出去的麻雀 3150 只、珠颈斑鸠 200 只，顾某当场凭经验在被查获的 200 只珠颈斑鸠中挑选出 61 只被毒杀的珠颈斑鸠，后经鉴定上述 61 只珠颈斑鸠中均含呋喃丹成分（农业部文件明确规定呋喃丹禁止用于所有食品，在动物食品中不得检出）。此外，被告人顾某供述自己平时食用时均挑选网捕或者枪打的野生鸟，从不食用可能被毒杀的野生鸟，同时辩称事先不明知毒杀野生鸟的是何物质。

二、分歧意见

本案的主要问题是收购并加工出售非重点保护的“三有动物”的行为如何定性？对本案中被告人顾某的行为应如何定性，存在较大的分歧，主要形成四种观点：

第一种观点认为，被告人顾某的行为构成生产、销售有毒、有害食品罪和掩饰、隐瞒

---

* 金志锋，江苏省南通市通州区人民检察院检察委员会委员，四级高级检察官。

犯罪所得罪。理由是:被告人顾某明知销售给他人食用的部分野生鸟系被毒死,而且被毒死的野生鸟中确实检出食品中不能添加的农药物质,因而可以认定其具有生产、销售有毒、有害食品的概括性主观故意,结合其客观行为,足以认定其行为构成生产、销售有毒、有害食品罪。同时,其收购野生鸟并加工销售,收购次数达 3 次以上且价值总额达 50000 元以上,根据最高人民法院《关于审理掩饰、隐瞒犯罪所得、犯罪所得收益刑事案件适用法律若干问题的解释》的相关规定,[①]应当以掩饰、隐瞒犯罪所得罪"情节严重"的情形定罪处罚。被告人顾某的行为构成两罪,应当数罪并罚,且应在 3 年有期徒刑以上量刑。

第二种观点认为,被告人顾某的行为构成掩饰、隐瞒犯罪所得罪。理由是:本案相关事实证据仅能证明被告人顾某明知所销售的部分野生鸟系被毒死,但是无法证明其明知毒死野生鸟的物质以及该物质是在食品中禁止添加的成分。因而,无法认定其具有生产、销售有毒、有害食品的主观故意,只能依据最高人民法院《关于审理掩饰、隐瞒犯罪所得、犯罪所得收益刑事案件适用法律若干问题的解释》,认定其行为构成掩饰、隐瞒犯罪所得罪。

第三种观点认为,被告人顾某的行为构成生产、销售有毒、有害食品罪。理由是:被告人顾某向他人收购野生鸟进行初加工后混杂销售,其实施收购、加工、出售野生鸟的行为是刑法意义上的一个犯罪行为,因为其主观上既明知贩卖的对象是他人非法狩猎的野生鸟,又明知野生鸟掺有有毒、有害的非食品原料,所以其同一行为触犯两个罪名。为避免对同一行为的重复评价,应当择一重罪以生产、销售有毒、有害食品罪定罪处罚。

第四种观点认为,被告人顾某的行为构成生产、销售有毒、有害食品罪和非法经营罪,应当以该两罪数罪并罚。理由是:被告人顾某明知野生鸟系被毒杀仍然初加工后出售给他人食用,其无须明知何种物质致使鸟被毒杀,即构成生产、销售有毒、有害食品罪。其收购并销售被毒杀的野生鸟的行为构成掩饰、隐瞒犯罪所得罪,经营已经销售的野生鸟加上当场查获、未及销售的非毒杀的野生鸟的行为构成非法经营罪。其触犯的掩饰、隐瞒犯罪所得罪与生产、销售有毒、有害食品罪构成想象竞合,仅能以生产、销售有毒、有害食品罪一罪定罪处罚。此外,无证据证明非毒杀的野生鸟系"使用禁用的工具、方法狩猎"所得,导致掩饰、隐瞒行为的上游行为无法认定为犯罪所得,因而无法以掩饰、隐瞒犯罪所得罪定罪处罚。

---

① 2015 年 5 月 29 日最高人民法院《关于审理掩饰、隐瞒犯罪所得、犯罪所得收益刑事案件适用法律若干问题的解释》第 1 条第 4 款规定:"依照全国人民代表大会常务委员会《关于〈中华人民共和国刑法〉第三百四十一条、第三百一十二条的解释》,明知是非法狩猎的野生动物而收购,数量达到五十只以上的,以掩饰、隐瞒犯罪所得罪定罪处罚。"第 3 条第 1 款规定:"掩饰、隐瞒犯罪所得及其产生的收益,具有下列情形之一的,应当认定为刑法第三百一十二条第一款规定的'情节严重':……(二)掩饰、隐瞒犯罪所得及其产生的收益十次以上,或者三次以上且价值总额达到五万元以上的……"

三、评析意见

本案涉及犯罪故意的认定，一罪和多罪的认定，野生动物保护范围和保护手段，掩饰、隐瞒犯罪所得罪的上游行为的认定，非法经营罪的认定等诸多法律问题。本文同意上述第四种观点，即被告人顾某的行为构成生产、销售有毒、有害食品罪和非法经营罪，应当以该两罪数罪并罚。理由如下：

（一）明知野生鸟系被毒杀仍初加工后出售给他人食用，无须明知何种物质致使鸟被毒杀，即构成生产、销售有毒、有害食品罪

我国刑法理论认为，“就经验法则的评价要素而言，只要行为人认识到了作为判断基础或者判断资料的事实，原则上就应当认定行为人认识到了符合规范的构成要件的事实。”①本案中，被告人顾某在自己食用时，从不挑选被毒杀的野生鸟，说明其对食用有毒野生鸟对人体健康的危害性有充分认识。至于具体是何种物质导致野生鸟被毒杀，并不影响案件定性，除非经鉴定该物质对人体没有任何危害。本案中被毒杀的野生鸟中检出的呋喃丹按我国农药毒性分级标准属于高毒农药，属于农业部文件明确规定禁止在食品中禁止检出的成分。食用含有农药呋喃丹成分的野生鸟，明显危害人身健康。因而，本案中被告人顾某明知61只被毒杀的野生鸟系被毒杀仍然初加工后出售给他人食用，其行为应当认定为生产、销售有毒、有害食品罪。

（二）收购、销售野生鸟的行为与生产、销售含有有毒成分野生鸟的行为侵犯了两个法益，应以两个犯罪评价，实行数罪并罚

本案基本事实分为两部分：一部分是被告人顾某收购并已经销售价值52000余元的野生鸟加上当场查获、未及销售的非毒杀的野生鸟的事实；另一部分是被告人顾某被当场查获的含有毒成分的61只野生鸟的事实。两部分事实互不包容，对应的两类行为侵犯的主要法益存在明显区别。前一类行为主要侵犯了国家对野生动物的保护制度（同时侵犯社会主义市场管理秩序，也可能同时侵犯司法机关对非法狩猎的查处制度），后一类行为主要侵犯了公民的人身健康权（同时侵犯国家对野生动物的保护制度，也同时侵犯社会主义市场管理秩序，还同时侵犯司法机关对非法狩猎的查处制度）。上述两部分事实及行为互不重叠，侵犯的主要法益区别明显。“应当根据行为所侵犯的法益的数量评价其符合几个犯罪构成或者构成几个犯罪”，“行为侵犯了数个犯罪构成的保护法益，只有实行数罪并罚才能实现量刑的合理化时，则应当认定为并罚的数罪”。② 当仅以一个犯罪评价不能包括对另一个犯罪的评价时，应当分别评价，实行数罪并罚。本案中经鉴定含有毒成分的野生鸟只有61只，被告人顾某已销售的价值52000余元的野生鸟加上被当场查获的非毒杀的野生鸟不能认定为有毒、有害食品，因为没有证据证明该价值52000

---

① 张明楷：《刑法学》（第5版），法律出版社2016年版，第259页。

② 张明楷：《刑法学》（第5版），法律出版社2016年版，第457页以下。

余元的野生鸟中含有有毒成分或者含有有毒成分的野生鸟的具体数量。因而,被告人顾某上述两类行为,侵犯了两个主要法益,应当分别予以评价。

（三）收购非法狩猎的非重点保护的“三有动物”的行为构成掩饰、隐瞒犯罪所得罪,经营非重点保护的“三有动物”的行为构成非法经营罪

1. 尽管麻雀、珠颈斑鸠属于受《野生动物保护法》保护的“三有动物”,但是不属于国家和地方重点保护的野生动物。虽然《野生动物保护法》经过多次修订,但是我国对野生动物的保护一直分为四类,即国家一级保护野生动物、国家二级保护野生动物、地方重点保护野生动物、非重点保护的“三有动物”。[①] 经查阅《国家重点保护野生动物名录》《江苏省重点保护陆生野生动物名录》《国家保护的有益的或者有重要经济、科学研究价值的陆生野生动物名录》,麻雀、珠颈斑鸠不在国家及江苏省重点保护野生动物名录中,而在非重点保护的“三有动物”名录中。

2. 尽管收购、出售或者经营非重点保护的“三有动物”的行为没有相应追究刑事责任的规定,但是符合掩饰、隐瞒犯罪所得罪、非法经营罪构成要件的可以以该二罪定罪处罚。本案中,被告人顾某的行为发生在2016年《野生动物保护法》修订之前,应当适用2009年修正的《野生动物保护法》。2009年修正的《野生动物保护法》第35条规定对出售、收购、运输、携带国家或者地方重点保护野生动物或者其产品的行为给予行政处罚和刑事处罚,[②]对应的罪名是《刑法》第341条第1款规定的“非法收购、运输、出售珍贵、濒危野生动物、珍贵、濒危野生动物制品罪”,以上法条涉及对象为珍贵、濒危野生动物或者制品以及国家、地方重点保护的野生动物。此外,相关行政法规对出售、收购或者经营非重点保护的野生动物,没有设定追究刑事责任条款。2016年修订的《野生动物保护法》第49条才有对收购非国家重点保护的野生动物的刑事责任的规定。[③] “根据我国宪法及有关法律规定,行政机关所制定的行政法规,不能设立刑罚;与此同时,我国立法机关也没有委任行政机关制定刑法规范,那些类似行政刑法规范的规定,也只能被理解为:行政

---

① 2009年修正的《野生动物保护法》第2条第2款规定:“本法规定保护的野生动物,是指珍贵、濒危的陆生、水生野生动物和有益的或者有重要经济、科学研究价值的陆生野生动物。”第9条规定:“国家对珍贵、濒危的野生动物实行重点保护。国家重点保护的野生动物分为一级保护野生动物和二级保护野生动物……地方重点保护野生动物,是指国家重点保护野生动物以外,由省、自治区、直辖市重点保护的野生动物……”

② 2009年修正的《野生动物保护法》第35条规定:“违反本法规定,出售、收购、运输、携带国家或者地方重点保护野生动物或者其产品的,由工商行政管理部门没收实物和违法所得,可以并处罚款。违反本法规定,出售、收购国家重点保护野生动物或者其产品,情节严重、构成犯罪的,依照刑法有关规定追究刑事责任。没收的实物,由野生动物行政主管部门或者其授权的单位按照规定处理。”

③ 2016年修订的《野生动物保护法》第49条规定:“违反本法第三十条规定,生产、经营使用国家重点保护野生动物及其制品或者没有合法来源证明的非国家重点保护野生动物及其制品制作食品,或者为食用非法购买国家重点保护的野生动物及其制品的,由县级以上人民政府野生动物保护主管部门或者工商行政管理部门按照职责分工责令停止违法行为,没收野生动物及其制品和违法所得,并处野生动物及其制品价值二倍以上十倍以下的罚款;构成犯罪的,依法追究刑事责任。”

机关遇到行政犯罪案件时，交由司法机关处理。”[①]因而，即使行政法规没有规定追究刑事责任，收购、出售或者经营非重点保护“三有动物”的行为只要符合《刑法》规定，也是可以追究刑事责任的。在没有其他对应罪名定罪时，上述行为符合掩饰、隐瞒犯罪所得罪、非法经营罪构成要件的，可以以该二罪定罪处罚。

3. 收购的野生鸟中除了毒杀的部分外，不能认定为非法狩猎的赃物，不属于司法解释规定的“非法狩猎的野生动物”，不能以掩饰、隐瞒犯罪所得罪定罪处罚。最高人民法院《关于审理掩饰、隐瞒犯罪所得、犯罪所得收益刑事案件适用法律若干问题的解释》中规定的“野生动物”是“非法狩猎罪”中的“野生动物”。[②] 根据《刑法》第 341 条第 2 款的规定，非法狩猎是指“违反狩猎法规，在禁猎区、禁猎期或者使用禁用的工具、方法进行狩猎，破坏野生动物资源，情节严重”的行为。非法猎捕与非法狩猎是两个不同的概念。本案中尽管被告人顾某向他人收购后销售的“三有动物”即野生鸟的销售总额达到 52000 余元，但是并无证据证明该部分已经出售的野生鸟系非法狩猎犯罪所得，因而不能对其下游行为以掩饰、隐瞒犯罪所得罪定罪处罚。此外，如果公安机关当场查获的 3289 只野生鸟(已减去 61 只含农药呋喃丹成分的野生鸟)中有证据证明存在“非法狩猎”所得的部分，即可认定被告人顾某的行为构成掩饰、隐瞒犯罪所得罪。本案中野生鸟无法证明是在“禁猎区、禁猎期”狩猎，能否认定为“使用禁用的工具、方法进行狩猎”？根据被告人顾某供述和相关证人证言，野生鸟的狩猎方法包括网捕、毒杀、枪打三种。依照 2009 年修正的《野生动物保护法》、2011 年修订的《陆生野生动物保护实施条例》的相关规定，[③]“使用毒药进行猎捕”属于上述“禁用的工具、方法”。显然，被告人顾某被查获的以毒药猎捕的 61 只野生鸟，完全可以认定为“非法狩猎”所得。由于被告人顾某的上游行为可以认定为“非法狩猎”，因而其下游收购行为可以认定为掩饰、隐瞒犯罪所得罪。由于收购并销售以毒药猎捕的 61 只野生鸟的行为同时触犯掩饰、隐瞒犯罪所得罪与生产、销售有毒、有害食品罪两个罪名，属于想象竞合，应当择一重罪处罚，即应以生产、销售有毒、有害食品罪定罪处罚。此外，“网捕”显然不是“歼灭性围猎”，因而不属于“禁用的工具、方法”，那么是“枪打”是否属于“禁用的工具、方法”呢？根据 2009 年修正的《野生动物保护法》的相关规定，猎枪经过批准是可以用于狩猎的，[④]而气枪是 2011 年修订的《陆生野

---

① 张明楷：《刑法学》(第 5 版)，法律出版社 2016 年版，第 49 页。

② 2015 年 5 月 29 日最高人民法院《关于审理掩饰隐瞒犯罪所得、犯罪所得收益刑事案件适用法律若干问题的解释》第 1 条第 4 款规定：“依照全国人民代表大会常务委员会《关于〈中华人民共和国刑法〉第三百四十一条、第三百一十二条的解释》，明知是非法狩猎的野生动物而收购，数量达到五十只以上的，以掩饰、隐瞒犯罪所得罪定罪处罚。”

③ 2009 年修正的《野生动物保护法》第 21 条第 1 款规定：“禁止使用军用武器、毒药、炸药进行猎捕。”2011 年修订的《陆生野生动物保护实施条例》第 18 条规定：“禁止使用军用武器、气枪、毒药、炸药、地枪、排铳、非人为直接操作并危害人畜安全的狩猎装置、夜间照明行猎、歼灭性围猎、火攻、烟熏以及县级以上各级人民政府或者其野生动物行政主管部门规定禁止使用的其他狩猎工具和方法狩猎。”

④ 2009 年修正的《野生动物保护法》第 21 条第 2 款规定：“猎枪及弹具的生产、销售和使用管理办法，由国务院林业行政主管部门会同公安部门制定，报国务院批准施行。”

生动物保护实施条例》明令禁止用于狩猎的工具。[①] 经咨询公安技术鉴定人员，司法实践中猎枪狩猎与气枪狩猎后残留在野生鸟中的都是小钢珠，难以确定野生鸟是被气枪打死的还是被猎枪打死的。本案中当场查获的3289只野生鸟并未灭失，可以从中辨认出“枪打”的野生鸟数量（本案并未进行该项侦查工作），但因无法区分上述野生鸟是被气枪打死的还是被猎枪打死的，即使侦查后发现枪打的野生鸟数量达到50只以上，也不能以掩饰、隐瞒犯罪所得罪定罪处罚。

4.对于已经销售的野生鸟加上当场查获、未及销售的非毒杀的野生鸟，应以非法经营罪定罪处罚。根据2009年修正的《野生动物保护法》的相关规定，未取得狩猎证猎捕野生动物的，应予行政处罚，并无追究刑事责任的规定，[②]《刑法》也没有对应的罪名。虽然现行立法与司法解释并未明确规定收购、销售非重点保护的“三有动物”的行为，可以以非法经营罪定罪处罚，但是从《野生动物保护法》的立法原则出发，从法理上完全可以得出如下结论：“三有动物”既然禁止无证猎捕，自然禁止无证买卖，应当属于《刑法》第225条非法经营罪中“其他限制买卖的物品”的范围。[③] 被告人顾某明知是无证猎捕的野生鸟（狩猎证显然不可能允许本案中短时间内如此巨大的狩猎数量）而仍予收购、销售，非法经营数额为52000余元加上被当场查获、未及销售的非毒杀的3289只野生鸟的价值总额。根据最高人民检察院、公安部《关于公安机关管辖的刑事案件立案追诉标准的规定（二）》的相关规定，[④]被告人顾某非法收购、销售野生鸟，经营数额超过50000元且违法所得数额超过10000元，应当以非法经营罪定罪处罚。

综上所述，被告人顾某的行为构成生产、销售有毒、有害食品罪和非法经营罪，对两罪应实行数罪并罚。

---

① 2011年修订的《陆生野生动物保护实施条例》第18条规定：“禁止使用军用武器、气枪、毒药、炸药、地枪、排铳、非人为直接操作并危害人畜安全的狩猎装置、夜间照明行猎、歼灭性围猎、火攻、烟熏以及县级以上各级人民政府或者其野生动物行政主管部门规定禁止使用的其他狩猎工具和方法狩猎。”

② 2009年修正的《野生动物保护法》第33条规定：“违反本法规定，未取得狩猎证或者未按狩猎证规定猎捕野生动物的，由野生动物行政主管部门没收猎获物和违法所得，处以罚款，并可以没收猎捕工具，吊销狩猎证。”

③ 《刑法》第225条规定：“违反国家规定，有下列非法经营行为之一，扰乱市场秩序，情节严重的，处五年以下有期徒刑或者拘役，并处或者单处违法所得一倍以上五倍以下罚金；情节特别严重的，处五年以上有期徒刑，并处违法所得一倍以上五倍以下罚金或者没收财产：（一）未经许可经营法律、行政法规规定的专营、专卖物品或者其他限制买卖的物品的……”

④ 最高人民检察院、公安部《关于公安机关管辖的刑事案件立案追诉标准的规定（二）》第79条规定：“违反国家规定，进行非法经营活动，扰乱市场秩序，涉嫌下列情形之一的，应予立案追诉：……（八）从事其他非法经营活动，具有下列情形之一的：1.个人非法经营数额在五万元以上，或者违法所得数额在一万元以上的……”

职务犯罪案件审查起诉如何与监察机关衔接

胡　颖　陈捍国*

摘要：检察与监察工作衔接机制是深化监察体制改革不可缺少的一项工作配套机制，事关职务犯罪案件的查办与刑事诉讼程序的适用，以及《监察法》与《刑事诉讼法》的协调执行。本文结合基层检察、监察工作实际，从案件管辖、提前介入、强制措施、证据适用、审查起诉等办案环节入手，深入分析检察与监察工作衔接措施的具体要求和原委，对存在的问题提出了可行性解决方案，具有一定的实践参考价值。

关键词：检察　监察　职务犯罪

国家监察体制改革之后，职务犯罪侦查职能已由人民检察院划转到监察委员会，但职务犯罪案件审查起诉职能仍由人民检察院行使。由于新的监察体制建立时间不长，检察机关对职务犯罪案件进行审查起诉与监察委员会的工作衔接上还存在一些薄弱环节，需要在实践中不断完善。检察机关要主动适应改革后的形势变化，加强与监察委员会的配合与制约，确保职务犯罪案件审查起诉工作顺利进行。

一、案件管辖：常规与例外并行

与普通刑事犯罪案件相比，职务犯罪案件的调查和侦查具有自身的特点，导致实践中职务犯罪案件指定管辖较多，转隶后这种情况更为明显。一方面，《监察法》规定"各级监察机关按照管理权限管辖本辖区内本法第十五条规定的人员所涉监察事项"，这是对职务犯罪案件级别管辖最基础的原则性规定，但同时《监察法》又规定了上级提管、下级送管和指定管辖，案件常常根据办案的实际需要呈纵向、横向流动。另一方面，职务犯罪案件一般是团队协同办案，监察委员会在集中力量、统筹调配方面更具有优势，上级从下

---

* 胡颖，江苏省无锡市滨湖区人民检察院公诉科科长；陈捍国，江苏省无锡市滨湖区人民检察院研究室主任，法律硕士。

级借调人员、上级向下级交办案件、为避免干扰异地办案等情况非常多见。

监察委员会作为国家监察机关，在机构设置上与检察院、法院的体系基本一致，职务犯罪案件应按照平行原则向同级检察机关移送。一般来说，检察机关受理本辖区内的职务犯罪案件。但是，当前职务犯罪案件上级交办、指定管辖、异地管辖等情况较多，如江苏省无锡市B区人民检察院2018年1—9月共受理监察委员会移送审查职务犯罪案件3件，其中2件属上级院指定管辖案件，占66.7%。如果检察机关发现监察委员会移送的案件不属于本院管辖的，应如何处理？笔者认为，根据同级平行移送的原则，检察院应当先行受理并决定是否采取强制措施，再报请上级检察院，由上级检察院指定管辖。由于案件最终要起诉到法院，法院也是实现管辖的关键一方，上级检察院收到下级关于管辖的请示后，应与法院协商指定管辖；必要时，可以建立监察委员会、检察院、法院三方协商机制，对于需要指定管辖的职务犯罪案件，在移送审查起诉前，由监察机关会同检察机关、审判机关共同协调指定管辖。

二、提前介入：主动还是被动

职务犯罪侦查职能转隶之前，检察机关侦查监督、公诉部门提前介入案件侦查已形成传统，转隶后，提前介入由原来的内部事务变成了外部事务，因主体地位发生变化，介入的范围、时间、方式等都必须重新考虑。首先，应当明确并非所有的职务犯罪案件都需要检察机关提前介入，提前介入的案件范围一般是重大、复杂案件。重大、复杂案件是一个不确定的概念，不能单纯以涉案金额和犯罪嫌疑人的职务级别等标准来认定是否为重大、复杂案件，而应从证据、事实、法律等层面来综合界定。① 其次，提前介入的时间，一般认为在监察委员会立案之后，调查终结、移送起诉之前。再次，提前介入的方式，笔者认为，提前介入应有监察委员会邀请才能启动，也就是说，检察机关只能被动介入，不宜主动介入，否则有干涉监察委员会独立办案之嫌。最后，提前介入的主要任务是正确把握案件定性和取证方向。比如，根据指控犯罪的需要，对监察委员会已经获取的证据材料进行分析，提出进一步补充、固定、完善证据的具体建议，提醒及时收集容易毁损灭失、隐匿转移的证据，对发现的非法证据提出依法排除或者重新收集的意见，对瑕疵证据提出完善补正的意见等。

三、强制措施：如何实现无缝转换

监察委员会对调查对象采取人身强制措施主要是留置，检察机关对犯罪嫌疑人采取

---

① 中共江苏省委《省委反腐败协调小组关于在查办职务违法犯罪案件中加强协作配合的意见》规定，对重大复杂敏感的职务犯罪案件，监察机关在调查终结前，可以就证据完善、案件性质认定、法律适用等问题听取审判机关、检察机关意见。

的人身强制措施主要是逮捕、取保候审、监视居住等。根据《监察法》第47条第1款规定:“对监察机关移送的案件,人民检察院依照《中华人民共和国刑事诉讼法》对被调查人采取强制措施。”一般来说,检察机关采取强制措施与审查起诉是紧密相连的,从某种意义上说,检察机关采取强制措施是监察程序和司法程序衔接的标志。①

比较职务犯罪案件与其他刑事犯罪案件,可以发现二者在强制措施适用上有所不同。对于普通刑事案件,由于刑事拘留的时间有限,公安机关为了侦查工作的需要,可以向检察机关提请批准逮捕,检察机关批准逮捕后,案件还回到公安机关手上,由公安机关继续侦查,直至案件侦查终结移送审查起诉。而对于职务犯罪案件,监察委员会对被调查对象采取留置措施的期限一般为3个月,最长可达6个月,调查时间比较充足,一般不需要提请批准逮捕,调查终结后直接向检察机关移送审查起诉;检察机关根据案件情况决定逮捕、取保候审或者监视居住。

从监察委员会的留置到检察院的逮捕、取保候审或者监视居住,如何实现转换衔接?笔者认为,检察机关应当在留置期限届满之前先行采取逮捕、取保候审、监视居住等强制措施,这样才能实现无缝转换,保障办案安全。因此,强制措施的转换需要留出适当时间,并且在转换的具体环节上提前做好安排。比如逮捕,刑事诉讼法规定检察机关审查逮捕的期限一般为7日,监察委员会在移送审查起诉时,要给检察机关决定采取强制措施留下必要的时间,②如果检察机关已经提前介入,则决定采取强制措施用时较短,一般1—3日可以作出决定;检察机关采取强制措施后,监察委员会应当及时办理解除留置手续。其次,执行逮捕由公安机关执行,应当没有疑义,但是由谁送交执行却并未明确。笔者认为,由监察委员会直接送交公安执行比较合适,因为监察委员会对调查对象情况比较了解,有利于预防送交执行过程中的风险,由监察委员会直接送交公安机关执行,不仅可以简化交接手续,而且更为安全。

四、证据适用:实用主义+严格标准

《监察法》出台之前,学术界对监察委员会调查中收集的证据材料是否能直接用于刑事诉讼存在质疑,多数观点认为应当经过转化才能作为法庭证据。但是,要求证据二次转化确实存在一些问题:一是增加了办案中的重复劳动,浪费了司法资源,提高了办案成本;二是不利于证据保全,由于时过境迁,证据生成的形势和形态往往会发生变化,证据不再容易取得。为此,《监察法》立法采取了实用主义原则,直接规定监察委员会收集的证据材料在刑事诉讼中可以作为证据使用;同时,为了保障办案质量,也规定了严格的证

---

① 参见秦前红、石泽华:《论监察权的独立行使及外部衔接》,载《法治现代化研究》2017年第6期。

② 中共江苏省委《省委反腐败协调小组关于在查办职务违法犯罪案件中加强协作配合的意见》规定,监察机关调查的职务犯罪案件需要移送起诉且对被调查人采取留置措施的,监察机关至迟在留置期限届满前15日书面告知检察机关。

据标准和要求:一是要求监察机关在收集、固定、审查、运用证据时,应当与刑事审判关于证据的要求和标准相一致;二是规定以非法方法收集的证据应当依法排除,不得作为案件处理的依据。具体地说,监察委员会在职务犯罪案件调查过程中,应参照刑事诉讼法对证据形式要件和实质要件的要求,全面、客观地收集被调查人有无违法犯罪以及情节轻重的证据,包括物证、书证、证人证言、被调查人供述和辩解、视听资料、电子数据等证据材料;同时,要主动对接以审判为中心的司法体制改革方向,按照最高人民法院、最高人民检察院、公安部、国家安全部、司法部联合发布的《关于办理刑事案件严格排除非法证据若干问题的规定》要求,以更高的标准、更严的要求,进一步规范监察人员调查职务犯罪的取证行为,对以非法方法收集的证据应当予以排除,确保调查所取得的证据符合刑事诉讼证据标准。

为了确保职务犯罪案件顺利进入刑事诉讼程序,检察机关在证据适用问题上应采取必要的制约措施,与监察委员会进行衔接。(1)检察机关发现可能存在以非法方式收集证据情形的,可以要求监察机关对证据收集的合法性作出说明或者提供相关证明材料,监察委员会应当作出说明或者提供材料。(2)犯罪嫌疑人及其辩护人提出调查阶段的供述系非法取得,并提供相关线索或者材料的,检察机关经审查后认为现有证据不能排除非法收集证据嫌疑的,可以向监察委员会调查讯问同步录音录像,监察机关应当予以提供。(3)检察机关在刑事诉讼中承担被告人有罪的证明责任,倘若公诉人员根据现有情况难以完成此项任务,可以提请法院通知监察机关有关调查人员出庭说明情况;并且,根据最高人民法院《关于全面推进以审判为中心的刑事诉讼制度改革的实施意见》确立的审查和排除非法证据规则,监察委员会不得以调查人员签名并加盖公章的说明材料替代调查人员出庭。

五、审查起诉:制约与救济共存

检察机关对监察委员会移送的案件,应当严格按照刑事诉讼法的规定进行审查,既要注意配合,也要严格制约,如果只讲配合,不讲制约,检察院就成了单纯办理起诉手续的机关,检察机关的职责和作用就不复存在。检察机关的制约措施主要体现在两个方面:第一,依法独立作出是否起诉的决定。经审查认为犯罪事实已经查清,证据确实、充分,依法应当追究刑事责任的,作出起诉决定。对于有《刑事诉讼法》规定的不起诉的情形的,经上一级检察院批准,依法作出不起诉的决定。第二,要求监察机关补充调查,完善证据锁链。经审查认为需要补充核实的,退回监察机关补充调查,必要时检察机关可以自行补充侦查。

检察机关对监察机关的制约并非单向的、不受约束的行为,为了防止权力滥用和误用,《监察法》规定了相应的救济措施。检察院对职务犯罪案件作出不起诉决定,必须报请上一级检察院批准;监察机关认为不起诉的决定有错误的,可以向上一级检察院提请复议。根据中央纪委监察部网站的官方回应,[①]对检察机关退回补充调查案件,监察委员会职务犯罪案件调查组应根据检察机关提出的补充调查提纲和收集证据的清单,区分不同情况,作以下处理:(1)原调查认定的基本犯罪事实清楚证据不够充分的,应当补充证据,制作补充调查报告书,移送检察机关审查;对于无法补充的证据,应当写明理由。(2)在补充调查过程中,发现新的同案犯或新的罪行,需要追究刑事责任的,应当重新制作移送审查起诉书,移送检察机关审查。(3)发现原认定的犯罪事实有重大变化,不应当追究刑事责任的,应当重新提出处理意见,并将处理结果通知退查的检察机关。(4)发现原认定的犯罪事实有重大变化,应当改变罪名或增减犯罪事实的,应当重新提出处理意见,重新移送检察机关审查。(5)原认定犯罪事实清楚,证据确实、充分,检察机关补充调查决定不当的,应当说明理由,移送检察机关审查。上述监察机关应对补充调查的五种措施,既体现了主动接受检察监督制约的态度,又不失救济的策略,做到了有理有节、实事求是,符合《刑事诉讼法》规定的程序和要求。

六、调查侦查:概念分裂的尴尬

《监察法》第47条第3款规定,“人民检察院经审查,认为需要补充核实的,应当退回监察机关补充调查,必要时可自行补充侦查”。此条规定,同一补查内容,分别表述为“调查”与“侦查”,极易引起视觉、听觉以及书写上的混淆。关于监察机关“调查权”与检察机关“侦查权”的关系,学术界亦有讨论,众说纷纭,争议颇多,实践中也衍生出一些令人困惑的程序错位现象。如办案人员经常会产生这样的疑问:涉案对象何时从被调查人员转为犯罪嫌疑人?监察委员会调查终结后移送检察院审查起诉,检察院是否要办理立案手续?

笔者认为,《监察法》将原本属于侦查活动的内容和措施规定为“调查”,是基于反腐败工作的政治形势,为突出监察机关查办职务犯罪案件的主体地位而作出的一种策略性安排。从宏观上看,监察机关与公安机关的职能基本相同,只是管辖的对象不同而已。公安机关管辖普通刑事违法犯罪,对于一般违法行为适用“调查”,对于刑事犯罪则适用“侦查”;监察委员会管辖公职人员的职务违纪违法犯罪,对于一般违纪违法适用“调查”,对于职务犯罪仍然适用“调查”。有学者认为,监察委员会的调查权定位模糊,适用范围过宽,应分为“一般调查”和“特殊调查”,一般调查对应于违纪、违法,特殊调查对应于职务犯罪,特殊调查其实就是侦查。[②] 当前,监察体制改革已尘埃落定,《监察法》已于2018年3月全面实施。办案人员遇到的上述困惑,有些源于惯性思维,应加强对法律政策的

① 参见《监察体制改革试点工作权威答疑:监察人员违法行使监察权如何处理?》,载中央纪委监察部网站,http://www.ccdi.gov.cn/hdjl/hfxd/201801/t20180131_162929.html。

② 参见陈光中:《关于我国监察体制改革的几点看法》,载《环球法律评论》2017年第2期。

学习,及时更新理念,以发展的眼光来看待法律的嬗变,如此困惑或将迎刃而解。例如,针对上述办案人员的疑问,用发展的眼光来看就容易找到答案:当案件从监察程序转为司法程序,被调查人员便转为犯罪嫌疑人;立案的主要作用就是启动侦查(调查)程序,当案件已经进入审查起诉程序,检察机关再立案已无实质性意义。

七、联席会议:法治下的平等共商

联席会议是平等主体之间加强配合协作最直接的平台,建立检察与监察的联席会议制度是监察体制改革后检察、监察工作发展的必然要求。实践表明,联席会议制度具有明显的优越性,是办理职务犯罪案件的有效保障。如江苏省无锡市 B 区检察院与监察委员会于 2018 年 4 月建立了联席会议制度,联合出台了《关于在办理职务犯罪案件中加强协作配合的实施意见》,建立了工作衔接机制,实践中运行顺畅,作用明显。检察、监察联席会议制度的作用主要表现在以下几个方面:一是有利于强化法治意识。监察体制改革是一场政治改革,从改革推进、职权配置、机构建设、监察立法等方面来看,都带有一定的政治要求。但依法治国是我国确定的基本方略,惩治腐败、查办职务犯罪应当在法治的轨道上进行。检察机关作为国家的法律监督机关,有责任和义务维护法律的统一实施,通过建立检察与监察联席会议制度,有利于把监察机关查办职务犯罪向刑事诉讼方向引导,符合以审判为中心的改革要求,运用法治思维和法治方式开展反腐败工作。二是有利于完善工作机制。随着各地监察委员会的成立,监察体制改革任务已初步完成,但是,改革成果需要通过实践来检验和巩固,工作机制还需要进一步健全完善。检察工作与监察工作衔接机制包括的内容较多,存在的问题不可能一下子全部涌现,只能在办案中不断发现,不断沟通,不断改进。三是有利于消除分歧,提高办案效率。监察、检察是不同的办案主体,案件办理过程中双方对有关证据认定和法律适用存在一定的分歧是必然的,联席会议制度为消除分歧、促进协作提供了沟通渠道,双方可以就一定时间内已办结或未办结案件中关于事实认定、证据采信、法律适用等问题进行探讨,达成共识,必要时形成纪要文件,以更好地指导职务犯罪案件的调查、起诉工作。

关于基层检察机关办理公益诉讼案件的几点思考

刘杰尹*

摘要:《最高人民法院、最高人民检察院关于检察公益诉讼案件适用法律若干问题的解释》等一系列司法解释和文件的颁布实施,标志着检察机关提起公益诉讼制度进入了有章可循的全面实施阶段。本文以基层检察院办案人员的视角,对检察机关办理公益诉讼案件实践中遇到的问题进行分析,并提出了民事公益诉讼按照案件标的和社会影响建立符合实际的级别管辖原则、刑事附带民事公益诉讼设置特别诉前程序、行政公益诉讼中建立法定范围内行政机关行政执法行为监督全覆盖等破解检察公益诉讼难点的思路。

关键词:检察公益诉讼　民事公益诉讼　行政公益诉讼

2018年3月2日,《最高人民法院、最高人民检察院关于检察公益诉讼案件适用法律若干问题的解释》(以下简称《关于检察公益诉讼的解释》)公布实施,紧接着3月12日,最高人民检察院印发了《检察机关民事公益诉讼案件办案指南(试行)》(以下简称《民事公益案件指南》)和《检察机关行政公益诉讼案件办案指南(试行)》(以下简称《行政公益案件指南》),标志着检察机关提起公益诉讼制度进入了有章可循的全面实施阶段。《民事诉讼法》和《行政诉讼法》的修改以及上述司法解释、办案指南的出台,虽然从立法和司法解释层面解决了检察机关提起公益诉讼的法律地位、诉讼程序、职责范围等基本问题,但基层检察机关仍然面临诸多困境,值得研究和讨论。

一、基层检察机关办理公益诉讼案件的制度制约

(一)民事公益诉讼受案范围过窄

上述相关规定确定了检察民事公益诉讼的级别管辖原则,即一审民事公益诉讼原则

---

* 刘杰尹,江苏省苏州市姑苏区人民检察院民事行政和控告申诉检察部员额检察官。

由市(分、州)检察院管辖。例外情况有两种:一是管辖权移转,即经省级人民检察院批准,可以将民事公益诉讼案件交由侵权行为发生地、损害结果地或者被告住所地的基层检察院管辖。二是刑事附带民事公益诉讼,由办理刑事案件的检察院管辖。从管辖权移转设置来看,基层检察院可以经省级检察院批准管辖一审民事公益诉讼案件,但实践操作难度较大。根据《民事公益案件指南》中的规定,上级检察院指定改变级别管辖或者地域管辖的,可以在提起民事公益诉讼前与同级人民法院协商管辖的相关事宜,共同指定。基层检察院通过管辖权移转获得一审民事公益诉讼案件管辖权的情况只会是个别例外,通常情况下,基层检察院仍然仅能提起刑事附带民事公益诉讼案件。

(二)行政公益诉讼调查取证权缺乏制度保障

根据《关于检察公益诉讼的解释》的规定,检察机关提起行政公益诉讼时应当向人民法院提交被告违法行使职权或者不作为,致使国家利益或者社会公共利益受到侵害的证明材料。虽然该解释也明确规定了"检察机关办理公益诉讼案件,可以向有关行政机关以及其他组织、公民调查收集证据材料,有关行政机关以及其他组织、公民应当配合","对于检察机关的调查手段来说,这些规定还是不够的,尤其在调查对象不配合的情况下,检察机关可以获得什么样的保障还不明确,需要在司法实践中或者立法来进一步完善"。[①] 可见,检察机关在办理行政公益诉讼案件过程中,调查取证的难点在于司法解释赋予检察机关调查取证的权力缺乏必要的保障措施,无法从制度层面减少、杜绝被调查对象不予配合的情况。

(三)刑事附带民事公益诉讼诉前程序的弊端明显

根据《关于检察公益诉讼的解释》的规定,检察机关在提起民事公益诉讼之前,应当依法履行公告 30 日的诉前程序,公告期满,法律规定的机关和组织不提起诉讼的,检察机关才能以自己的名义提起诉讼。在刑事附带民事公益诉讼案件中,诉前程序采用公告方式存在明显的弊端。

一方面,诉前公告程序与刑事公诉案件办理不易协调。目前,刑事案件与公益诉讼案件是由公诉部门和民事行政检察部门分别办理的,公诉案件办理有自身的要求和特点,公益诉讼诉前程序又必须经过长达30 日的公告期限。刑事案件何时确定起诉,确定起诉后是否有足够的时间用于附带民事公益诉讼诉前公告程序,附带民事公益诉讼诉前公告程序何时启动,既不妨碍公诉案件办理又能保证附带民事公益诉讼同步起诉,这些都是现实难题。实践中,公诉部门和民事行政检察部门之间关于期限的协调十分困难,特别是涉及环境资源类的案件,社会影响较大、案件敏感度较高、案件本身也比较疑难复杂,这类案件能否提起公诉尚不确定,是否启动诉前程序、何时启动诉前程序协调的难度更大。完全无法达成节约诉讼资源、提高诉讼效率的刑事附带民事公益诉讼制度设置的

---

① 孟亚旭:《张雪樵:将设统一环境损害赔偿资金》,载《北京青年报》2018 年 3 月 13 日第 A06 版。

初衷。

另一方面,基层检察院办理的部分涉及破坏生态环境和资源保护、食品药品安全领域侵害众多消费者合法权益的一审刑事公诉案件,案值不大、社会影响较小,例如污染环境案件中,大部分案件犯罪嫌疑人系小作坊业主,此类小作坊营业场所多为偏僻的乡村民房或自建厂房,经营规模小,造成的污染损害范围也比较小。对于此类案件,在全国发行的报纸上发布公告,且不论不同报纸受众的不同以及刊登方式不易发现的特性,案件本身的影响力很难引起相关机构和组织的关注,此类公告根本无法起到诉前程序应有的作用和效果,使得诉前程序流于形式。

二、基层检察机关办理公益诉讼案件的实践难点

(一)行政公益诉讼案件线索来源不畅

检察机关办理行政公益诉讼案件的来源,从试点至今均明确要求案件必须是检察机关在履行职责中发现的。而检察机关承担公益诉讼职责的部门为民事行政检察部门,限于部门人员配备和职能范围,民事行政检察部门在案件线索获取和搜集方面相对滞后,在实践中行政公益诉讼案件来源主要依赖于刑检部门和原职务犯罪侦查部门的线索移送,国家监察体制改革后,检察机关由此失去来在原职务犯罪侦查过程中获得案件线索的途径,甚至从控告检察部门所能获取的案件线索来源也受到影响。

根据《行政公益诉讼指南》的规定,"履行职责"包括履行批准或者决定逮捕、审查起诉、控告检察、诉讼监督、公益监督等职责。对于通过行政执法与刑事司法衔接平台、行政执法与行政检察衔接平台等发现案件线索的,视为"在履行职责中发现"。显然,发现线索的主要途径依然在检察机关刑事检察履职过程中,但刑检业务和行政公益诉讼案件归多个部门分别办理,在不少基层检察院还存在部门间线索移送不畅的问题,民行部门线索发现滞后,案件来源不足,客观上制约了基层检察院有效开展行政公益诉讼工作。

(二)行政机关是否依法履职缺乏判断标准

根据《行政诉讼法》和《关于检察公益诉讼的解释》的规定,检察机关要提起行政公益诉讼,前提是负有监管职责的行政机关未依法履行职责,致使国家利益或者社会公共利益受到侵害,具体形式为违法行使职权或者不作为。但由于我国现行行政法律法规繁杂、行政机关职权规定较为原则、行政机关之间职能交叉、行政机关内部规范不公开等情况,给检察机关认定行政机关违法行使职权或者不作为造成了很大困难,特别是要认定行政机关不作为,不仅要证明行政机关负有监管职责,还需证明其可以作为的权限,即监管职责所能行使的行政职权的边界和行政措施的种类,这样检察机关才能督促行政机关履行具体职责。但实践中检察机关很难全面掌握行政机关的职责清单和执法规范,开展行政履职监督困难较大。

(三)刑事附带民事公益诉讼案件取证范围与刑事案件不一致

刑事附带民事公益诉讼案件的证据依赖于公安机关的取证调查,刑事案件的定罪标准与附带民事公益诉讼的起诉标准并不完全一致,例如《最高人民法院、最高人民检察院关于办理环境污染刑事案件适用法律若干问题的解释》认定"严重污染环境"的十八种情形,没有将环境损害数额作为认定标准。而破坏生态环境类附带民事公益诉讼则要求证明生态环境受到损害的具体损失,这里的损失主要指恢复受损生态环境所需之成本,因为公益诉讼以保护社会公共利益为核心要义,目的在于修复被污染的环境生态或者要求污染者赔偿因其污染行为造成的具体损失。但在侦查阶段,公安机关通常仅按照刑事诉讼证据要求完成刑事案件定罪标准的取证工作,很少进一步证明恢复被损害的生态环境所需要的费用。待案件移送检察机关审查起诉时再补充调查,其时效性和准确性都已受到影响,甚至有现场被破坏以及证据丢失等情况发生,导致取证困难。同时,民事公益诉讼证据高度依赖专业的鉴定评估文件,但鉴定费用较高,检察机关现没有建立统一的专项资金支持自行委托评估鉴定,在检察机关自行调查阶段,如果相关政府部门不配合委托评估鉴定,可能导致因为证据不充分而无法提起附带民事公益诉讼。

(四)刑事附带民事公益诉讼的外部制约

在破坏环境资源类刑事附带民事公益诉讼案件中,缺乏保障和鼓励被告自行组织修复受损生态环境的相关制度。实践中,有刑事案件被告人自行委托专业机构对污染场地进行修复,而环保部门却因缺乏法律依据无法对责任人自行修复生态环境的行为进行评估认定,难以判断修复行为是否完成。如果依照法院判决进行修复,也无法判断修复行为是否完全执行到位,人民法院一般以判决被告承担损害赔偿责任为主,以载明具体损害赔偿数额的鉴定评估结论为主要依据,这类证据成为必须证据,评估难、鉴定难成为检察机关内部无法解决的问题。

三、解决基层检察机关办理公益诉讼案件难点的几点思考

(一)民事公益诉讼应当适用民事诉讼法一般管辖原则

最高人民法院制定一审民事公益诉讼相关司法解释时主要考虑的是"环境民事公益诉讼属于新类型案件,审理、执行难度较大,社会关注度高,因此原则上应由中级以上人民法院管辖",[①]检察机关也对等确定由市、州检察院管辖一审民事公益诉讼。但其也"考虑到一些基层人民法院较早建立了专门的环保法庭,在审理环境民事公益诉讼方面已经积累了一定经验,故中级人民法院可以依据民事诉讼法第三十八条的规定,在报请高级人民法院批准后,将本院管辖的第一审环境民事公益诉讼案件通过一案一指的方式裁定

---

① 罗书臻:《规范环境公益案件审理 切实维护环境公共利益——最高人民法院环境资源审判庭负责人就〈关于审理环境民事公益诉讼案件适用法律若干问题的解释〉答记者问》,载《人民法院报》2015 年 1 月 5 日。

交给基层人民法院审理”[①]，现最高人民检察院印发的《民事公益案件指南》中规定的管辖移转与法院的一案一指类似，赋予基层检察院管辖一审民事公益诉讼的可能性。显然，民事公益诉讼一审管辖的主要原则已经突破，并且基层检察院提起的刑事附带民事公益诉讼，其范围与单独提起的民事公益诉讼范围完全一致，在诉讼程序和出庭任务等方面也无明显差异，基层法、检两院已从中积累了相应的民事公益诉讼办案经验。为更合理地配置司法资源、提高民事公益诉讼效率，应当由基层法、检两院直接管辖部分一审民事公益诉讼案件。故建议按照民事诉讼法一般级别管辖之规定，以标的、案件影响力为标准，将民事公益诉讼案件的管辖权合理分配至三级人民法院和检察院，确立更适应民事公益诉讼要求的级别管辖制度。

（二）完善基层检察院提起刑事附带民事公益诉讼的制度设置

1. 刑事附带民事公益诉讼应制定独立的诉前程序。刑事附带民事公益诉讼的目的在于节约诉讼资源、提高诉讼效率以及妥善确定犯罪嫌疑人的刑事责任和民事责任，但刑事诉讼和民事诉讼本质上属于不同的诉讼，案件办理有各自的程序要求。附带民事公益诉讼应尽早确定是否有公益组织提起民事公益诉讼，以不妨碍公诉案件的有序推进。根据刑事附带民事公益诉讼案件的工作特点，建议变更诉前公告程序为告知受侵害的个人、单位、集体以受害人身份提起附带民事诉讼，或督促本地有资质的公益组织单独提起民事公益诉讼的独立诉前程序，既最大限度地节省诉前程序的时间，又能避免公告程序流于形式。

2. 确定以恢复原状为原则、损害赔偿为辅助的修复模式。生态环境类公益诉讼的公共利益是社会公众的生态环境利益，而对该公共利益的维护最直接的方式“应当通过要求损害者承担恢复原状的责任来解决”[②]，因此，承担生态环境损害民事责任的第一方式应当是恢复原状，在不能恢复原状时才能选择替代式恢复方式。在责任主体怠于履行环境修复义务时，可以要求其承担修复费用，或者在执行程序中适用委托第三方修复，由污染者承担损害赔偿费用。[③] 故在附带民事公益诉讼的环境污染案件中，也应当以实际修复受污染环境为本质要求，诉讼的首要目的是使受损的生态环境最大限度地得到修复。现行做法主要是法院判决损害方承担环境损害赔偿金，部分案件判决损害方支付环境损害赔偿金并执行到位，但损害方却长期未对受损环境开展修复工作，由于尚未建立相关后续制度，法院对被告也无相关惩戒措施，这不但不符合提起公益诉讼的目的，还会因为被告支付了赔偿款却长期无相应的修复工作，损害公益诉讼的社会公信力。

---

① 罗书臻：《规范环境公益案件审理　切实维护环境公共利益——最高人民法院环境资源审判庭负责人就〈关于审理环境民事公益诉讼案件适用法律若干问题的解释〉答记者问》，载《人民法院报》2015 年 1 月 5 日。

② 沈德咏主编：《最高人民法院环境侵权责任纠纷司法解释理解与适用》，人民法院出版社 2016 年版，第 166 页。

③ 沈德咏主编：《最高人民法院环境侵权责任纠纷司法解释理解与适用》，人民法院出版社 2016 年版，第 165—167 页。

建议检察机关、人民法院和环保部门建立一套有利于刑事附带民事公益诉讼被告自行修复受损生态环境的制度，主要有“三评估，一监管”。“三评估”包括被告是否具备修复生态环境的经济能力、被告选定的修复机构是否具备相应资质以及修复方案是否科学合理、修复后生态环境恢复状况三个方面的评估。“一监管”即对被告自行组织的修复行为进行全程监督管理。在该项制度中，环保部门将利用其在生态环境保护方面的专业能力承担主要评估和监管职责，如果被告具备经济能力、选定的修复机构具备资质、修复方案科学合理，则检察机关在公益诉讼中可以提出以恢复原状为主，不能完全修复部分经鉴定评估后赔偿为辅的诉讼请求。通过环保部门的监管和评估，为人民法院判决被告承担恢复原状的责任提供证据支持，并且有了环保部门对修复状况的监测评估，也为判断法院判决是否完全得到了履行提供了客观标准。

（三）强化行政公益诉讼案件办理制度保障

1. 完善检察机关履职权限，及时全面掌握案件线索信息。检察机关提起行政公益诉讼的主要任务是充分发挥法律监督职能作用，维护宪法法律权威，维护社会公平正义，维护国家利益和社会公共利益，促进依法行政、严格执法。简言之，行政公益诉讼的实质是检察机关履行法律监督职能的方式之一。但目前检察机关履职过程中根本无法全面掌握法定范围内行政机关的行政行为，检察机关的法律监督存在盲区，即行政机关大多数行政行为与检察机关履职过程没有交集，而一旦发生行政机关违法履职侵害国家利益和社会公共利益的情况，检察机关却会因不能全面掌握行政机关的行政行为而无法进行监督。维护国家利益和社会公共利益的本质要求是检察机关应当在法定范围内监督相关行政机关的所有行政行为，以发现和判断其是否有不依法履职而损害国家利益和社会公共利益的情况，并依法进行法律监督。故而应当建立相关行政机关行政执法信息备案制度，由相关行政机关定期向检察机关报送行政执法信息，供检察机关全面掌握相关线索，并依法判断和排查；或者赋予检察机关依法查询相关行政机关行政执法信息的权力，查询权作为检察机关履职的一部分，由检察机关定期赴相关行政机关进行行政执法信息的搜集和排查。由此在全面掌握行政机关行政执法行为信息的基础上，检察机关才能更有效地搜集线索，才能更好地履行好宪法法律赋予的法律监督职责。

2. 厘清法律监督机关和监察机关的职能关系，确定检察机关调查取证的恰当方式。确定检察机关法律监督的方式和手段，保证调查取证权力既要有一定的效力又不超越法律监督的范围，必须对检察机关和监察机关的职能定位明确区分。国家监察体制改革将原属检察机关的职务犯罪侦查职能划转至各级监察委员会，不仅是构建权威高效的监察制度的重大变革，同时也是对检察机关法律监督机关的重新定位。“行政公益诉讼的诉讼请求是对行政机关的督促履职,属于'督促之诉',而不是'追责之诉'",[①]检察机关作为法律监督机关,主要职责在于督促行政机关依法履职,而不在于追究行政机关不依法履职行的责任。而查处行政机关工作人员不作为、乱作为等违纪违法责任则属于监察机关的职责范围。因此,检察机关调查收集证据不得采取限制人身自由和扣押、搜查等强制性措施。

据此,依照《关于检察公益诉讼的解释》第6条的规定,检察机关调查取证应当遵循以下路径:首先,应当明确检察机关在办理公益诉讼案件过程中有调查收集证据的权力,有关行政机关以及其他组织、公民有配合的义务。其次,"检察机关调查收集证据的方式主要包括调阅、复制卷宗材料,询问,收集书证物证视听资料,咨询专业意见,委托鉴定评估审计,勘验等"[②]。最后,如果调查对象不予配合,在刑事附带民事公益诉讼案件诉讼前可以请求公安机关协助调查,在调查对象为行政机关时,诉讼前如其不予配合调查取证,可以向其上级主管部门请求协助,如仍无法完成调查工作,且国家利益和社会公共利益受损的事实依然存在,则可以现有证据起诉至人民法院,同时依照刑事诉讼法的规定,申请人民法院采取其他强制性证据保全措施,或者在诉讼中申请法院调取相关证据。如此既能保证检察机关行使法律监督职能不越位,也可以充分利用现有制度为检察机关调查取证提供一定的保障。

---

① 郄建荣:《国土部请最高检副检察长讲公益诉讼——张雪樵:逾八成案件行政机关诉前已整改》,载法制网,http://www.legaldaily.com.cn/index/content/2017-09/17/content_7319730.htm?node=20908。

② 张雪樵:《〈最高人民法院、最高人民检察院关于检察公益诉讼案件适用法律若干问题的解释〉的理解与适用》,载最高人民检察院网,http://www.spp.gov.cn/tt/201803/t20180316_371107.shtml。

是故意伤害还是正当防卫

——被多人殴打时用随身携带的钥匙还击致对方一人轻伤行为的认定

范海波*

一、基本案情

赵玉强(赵玉刚之弟)与王文静夫妻二人感情不和,王文静在张超、王瑞松等六名男性亲友的陪同下至赵玉强所住小区,欲将二人小孩带回娘家遭拒,赵玉强、王文静进而发生争执、拉扯,陪同王文静的张超等人率先动手殴打赵玉强,赵玉刚见状欲上前查看情况,即被张超一方多人追打,赵玉刚逃跑未果被追上,张超、王瑞松一方对赵玉刚、赵玉强拳打脚踢,将赵玉刚打倒在地。停手后,赵玉刚为防止再次被对方殴打,遂将随身携带的钥匙(带绳)缠绕固定于右手,在双方短暂言语交流过程中,张超又突然对赵玉刚实施殴打,包括王瑞松在内的张超一方人员立即上前围住赵玉刚,其中多人对赵玉刚实施了殴打,赵玉刚遂用缠有钥匙的右手向前方挥打两下,后再次被打倒在地,双方随即分开,均再未动手。赵玉刚、张超、王瑞松均不同程度受伤,其中王瑞松右手第二掌骨粉碎性骨折,构成人体轻伤二级。

二、争议问题

在张超一方多人对赵玉刚、赵玉强拳打脚踢时,赵玉刚用随身携带的钥匙还击致对方一人轻伤的行为如何评价?

第一种观点认为,本案双方因纠纷发生争执,有互殴的基础,赵玉刚准备钥匙作为工具,表明其具有伤害对方的故意,双方均动手伤害对方,属于互殴,互殴双方均为不法侵害实施人,赵玉刚在互殴过程中用钥匙攻击对方致人轻伤,应以故意伤害罪追究刑事责任。

---

* 范海波,江苏省苏州市虎丘区人民检察院侦查监督处检察官助理。

第二种观点认为，赵玉刚被对方多人追打，后又被对方多人围殴，不法侵害正在进行，其人身安全具有紧迫的危险性，其准备钥匙反击致人轻伤的行为符合刑法规定的正当防卫的成立条件，属于正当防卫，不构成犯罪。

三、案件分析

（一）被多人殴打能否进行防卫

众所周知，针对不法侵害可以进行正当防卫，但在司法实践中，如果行为人被他人殴打而进行反击，却很容易被认定为互殴。一方面，传统观念难以正确地看待防卫行为的"暴力性"，正当防卫所呈现的就是"伤害他人"的外观，其必然带有一定的攻击性和致伤可能性，正当防卫虽然伤害他人，但同时保护了法益，因此才用违法阻却事由将其正当化评价，"防卫行为与伤害乃至杀人行为在外表上是相同的，否则，正当防卫也就不可能成为违法阻却事由"。[①] 举例而言，甲某正在实施强奸，乙某拿起木棍对着甲某头部击打了一下，将其打伤，救下被侵害者，乙某用木棍击打甲某头部的行为无疑是故意伤害行为（客观评价），对甲某的人身健康造成了危险，但该行为实质上保护了被侵害者的法益不被侵害，权衡之后认为该"伤害行为"是正当的；若乙某并未对甲某采取伤害行为，而是站在原地以言论指责甲某，言论指责甲某的行为因不具备刑事违法性，也就无须用违法阻却事由来将其正当化，两者相比，无疑具有暴力性质的击打行为更能有效地对抗不法侵害、保护法益。另一方面，反击行为与不法侵害是否属于同类型、差异化是否明显也影响着我们对行为性质的判断。例如，对强奸、抢劫、绑架等不法侵害进行反击，比较容易被认定为正当防卫，因为不法侵害与反击行为属于不同类型的行为，我们就可以直观地认识到反击行为是正当防卫，而不可能定性为相互不法侵害；当不法侵害行为是足以致人重伤、死亡的伤害时，因为从外观上我们能直观地认识到不法侵害与反击行为之间暴力程度明显的差异，也能将反击行为评价为正当防卫；但当不法侵害为仅可能致人轻伤的殴打行为时，反击行为与不法侵害属于相同类型，我们就可能被反击行为本身的攻击性、致伤性、与不法侵害表面的相似性所迷惑，便忽略了其"防卫"的正当性，进而将之认定为相互实施的不法侵害——互殴，这不免造成以下错觉：可能致人轻伤的殴打行为是不法侵害，但却不能对此进行防卫，否则就是互殴，但这样理解明显违背了正当防卫的立法本意——在遭受不法侵害时，被侵害者没有屈从、忍受的义务，法律允许且鼓励对不法侵害进行反击，因此在遭受殴打时，当然可以进行适时、适度地反击，该反击行为也应当被评价为正当防卫。

（二）如何界定互殴与正当防卫

所谓互殴，一般是指双方均具有侵害对方的故意而实施的相互侵害行为，而正当防

---

① 参见张明楷：《故意伤害罪司法现状的刑法学分析》，载《清华法学》2013 年第 1 期。

卫是法律允许且鼓励的合法行为,实践中,可以从以下两个方面对二者加以区分:

一是行为性质及客观表现不同。如前所述,互殴类型的不法侵害与正当防卫行为在表面上具有高度的相似性,即行为人均动手伤害对方,但行为总是在一定的环境之下做出的,不能脱离行为人所处的环境和行为的前提而割裂地评价行为。互殴行为具有主动性,互殴双方均主动地追求对他人的不法侵害,一般表现为相互约斗,做一定的计划和准备,积极实施或参与互殴,如果认为法益原本处于完好、平衡的状态,那么互殴行为的本质是主动地追求法益的危险与动荡。与此相反,正当防卫具有被动性,以对方实施不法侵害为前提,只有对方进行不法侵害,才被迫攻击对方;如果对方没有不法侵害、法益没有处于紧迫的危险中,也就不会有防卫。同时,正当防卫还具有节制性,在不法侵害彻底停止、危险消除后,防卫人也停止加害对方。与互殴行为对法益的侵害性相比,正当防卫是将法益从危险、动荡恢复到安全、平衡的状态,因此二者有着"非法"与"合法"的本质区别。

二是主观故意不同。互殴双方均具有"不法侵害对方的故意",这包括两层含义:其一是主观上明知自己的行为会对他人的身体造成损伤结果或有致人受伤的危险,其二是认识到对他人造成的侵害为法律所不允许。而在正当防卫的情况下,行为人主观上不仅认识到自己的行为可能会对他人的身体损害结果(这与互殴故意的第一层意思相同),而且具备了防卫意图,还认识到其行为造成的损害结果是对抗不法侵害所必要的合法行为。传统观点认为防卫意图必须同时具备防卫认识与防卫目的,既要认识到存在不法侵害,又要以制止不法侵害为心理愿望。但这种观点并不妥当。首先,从结果无价值论的立场出发,正当防卫是立足于人的自我保护本能而赋予公民的一种特殊权利,对其适用应当偏重于客观上的自我防卫效果,而没有必要在主观方面进行过多限制,特别是不能要求行为人在实施反击行为时一定要具有防卫的意图和动机,[①]只要行为人具备防卫认识,认识到存在不法侵害的事实,客观上也有利于保护法益的结果,就可以认定具有防卫意图。其次,从防卫的紧迫性来看,正当防卫是在紧迫状态下行为人自我保护的本能反应,传统理论要求防卫人必须以积极追求保护合法权益为其唯一目的,[②]其实质是"从道德主义的出发对防卫意思提出了过分的要求"[③],这明显不利于对法益的保护,我们不能苛求行为人拥有绝对纯洁的道德,在紧迫状态下还要先厘清自己的动机,然后才能实施防卫行为,因为法律允许公民实施正当防卫,并不是因为他在道德上有令人怜悯之处,而是因为行为人通过制止不法侵害捍卫了法秩序的有效性。[④] 最后,正当防卫行为本身就

① 参见黎宏:《论正当防卫的主观条件》,载《法商研究》2007 年第 2 期。

② 参见陈兴良:《刑法适用总论》,中国人民大学出版社 2006 年版,第 293 页。

③ 参见陈璇:《论防卫过当与犯罪故意的兼容——兼从比较法的角度重构正当防卫的主观要件》,载《法学》2011 年第 1 期。

④ 参见陈璇:《克服正当防卫判断中的"道德洁癖"》,载《清华法学》2016 年第 2 期。

是一种伤害行为，防卫目的和伤害目的并不是“泾渭分明”的对立关系，二者完全有可能并存而难以明确区分，即便认为需要具备防卫目的，也不能因为存在伤害目的就否定防卫目的，而应遵循存疑有利于被告的原则，不能将行为人的行为认定为故意伤害罪。[①]

（三）本案中赵玉刚的行为如何评价

笔者认为，第一种观点并不妥当，本案中，赵玉刚在被多人殴打时实施反击完全符合正当防卫的构成要件：

1. 双方存在矛盾、纠纷，且都动手，不能必然得出互殴的结论。我们不能进入“只要双方都动手就是互殴”的误区，只有双方都积极追求不法侵害对方时才成立“互殴”，因此，关键要判断法益处于危险、动荡的状态是单方导致，还是双方共同追求的。本案中，矛盾、纠纷引起的轻微拉扯并没有对法益造成危险，不属于不法侵害，也不能成为张超一方人员殴打他人的正当化事由。相反，张超一方多人率先殴打赵玉强、赵玉刚的行为已经实实在在引起了法益的危险，且不具有正当性，属于正在进行的不法侵害，被侵害人当然有进行防卫的权利。

2. 为防止不法侵害而准备适当工具的行为不能阻却正当防卫的成立。赵玉刚是在已经被对方多人追打后才准备钥匙作为工具，当时对方仍在现场，无彻底放弃侵害的迹象，有一定的事实基础让赵玉刚合理地认为对方可能会再次实施加害。其准备工具是为了防范可能面临的不法侵害，而不是为了主动加害对方，准备工具的行为本身并不会侵害法益，事态的发展是动态的，若对方没有继续实施不法侵害，赵玉刚也就不会反击，是否引起法益的危险，取决于对方是否继续实施不法侵害。赵玉刚准备的工具是随身携带的钥匙，具有临时性、应急性，并非有预谋准备的杀伤力较大的工具。因此，赵玉刚在人身安全存在威胁的情况下准备钥匙作为工具并不影响正当防卫的成立。最高人民法院指导案例“胡咏平故意伤害案”[②]和“李明故意伤害案”[③]也认为在人身安全受到威胁后准备适当的防卫工具，在遭受不法侵害时利用该工具进行反击的，不阻却正当防卫的成立。

3. 本案不属于双方互殴，赵玉刚的行为属于正当防卫。本案的发展过程可以分为三个阶段：第一个阶段是赵玉强与王文静因家庭纠纷发生拉扯，此时尚未发生不法侵害；第二个阶段是与王文静随行的张超等人殴打赵玉强，并追打赵玉刚，该阶段张超一方单方面实施不法侵害，王瑞松也参与实施了不法侵害行为，在赵玉刚被打倒在地后，不法侵害暂时停止，赵玉刚为防止再次被殴打而将钥匙缠于右手；第三个阶段是在双方分开后，张

---

① 参见张明楷：《故意伤害罪司法现状的刑法学分析》，载《清华法学》2013年第1期。

② 最高人民法院刑事审判第一、二、三、四、五庭主办：《刑事审判参考》总第30期，第224号指导案例“胡咏平故意伤害案”。

③ 最高人民法院刑事审判第一、二、三、四、五庭主办：《刑事审判参考》总第55期，第433号指导案例“李明故意伤害案”。

超突然又殴打赵玉刚，包括王瑞松在内的张超一方人员立即上前围住赵玉刚，其中多人参与了殴打，赵玉刚在被多人殴打后用缠有钥匙的右手反击两下，在双方分开后也再未动手。包括张超、王瑞松在内的一方人员连续对赵玉刚、赵玉强一方实施殴打，参与殴打的人员形成了紧密的整体，两次殴打中间短暂的停手也不属于彻底放弃不法侵害，因此对本案应当作连续、整体地评价。赵玉刚针对正在实施不法侵害的一方当然有正当防卫的权利，其反击行为符合法律规定的正当防卫的条件，防卫手段、强度未超过必要限度，导致一人轻伤也不属于造成严重后果。

综上，赵玉刚的行为不仅不属于"互殴"中故意伤害他人的违法行为，反而符合法律规定，属于合法的正当防卫。

四、处理结果

2018 年 2 月 12 日，苏州市公安局苏州高新区分局（虎丘分局）以涉嫌故意伤害罪向苏州市虎丘区人民检察院提请逮捕犯罪嫌疑人赵玉刚。经审查，苏州市虎丘区人民检察院于同年 2 月 13 日依法作出不批准逮捕决定，并向公安机关说明了理由。后公安机关于同年 2 月 27 日作出撤销案件的决定。

图书在版编目(CIP)数据

检察研究. 2018年. 第5辑 / 严正华主编. -- 北京 : 法律出版社, 2018
ISBN 978-7-5197-2700-0

Ⅰ. ①检… Ⅱ. ①严… Ⅲ. ①检察机关-工作-中国-文集 Ⅳ. ①D926.3-53

中国版本图书馆CIP数据核字(2018)第214615号

《检察研究》2018年第5辑
《JIANCHA YANJIU》2018 NIAN DI 5 JI

严正华 主编

责任编辑 许 睿
装帧设计 李 瞻

出版 法律出版社
总发行 中国法律图书有限公司
经销 新华书店
印刷 永清县金鑫印刷有限公司
责任校对 张红蕊
责任印制 吕亚莉

编辑统筹 法规出版分社
开本 787毫米×1092毫米 1/16
印张 7
字数 140千
版本 2018年10月第1版
印次 2018年10月第1次印刷

法律出版社/北京市丰台区莲花池西里7号(100073)
网址/www.lawpress.com.cn
投稿邮箱/info@lawpress.com.cn
举报维权邮箱/jbwq@lawpress.com.cn
销售热线/010-83938336
咨询电话/010-63939796

中国法律图书有限公司/北京市丰台区莲花池西里7号(100073)
全国各地中法图分、子公司销售电话:
统一销售客服/400-660-6393
第一法律书店/010-83938334/8335 西安分公司/029-85330678 重庆分公司/023-67453036
上海分公司/021-62071639/1636 深圳分公司/0755-83072995

书号:ISBN 978-7-5197-2700-0 **定价**:28.00元
(如有缺页或倒装,中国法律图书有限公司负责退换)